メディテーション選書 Ⅱ

メディテーション

光の世界へ

中山 南

イー・ピックス

まえがき

本書のメディテーションは、私を含む二人以上のメンバーによる黙想の集いの際に、天から与えられた聖想です。

「メディテーションをしたい」と言われたら、たいていその場で即座に出来ます。集った方々は目をつぶり静かに待つ中、私が祈りを捧げます。すると、祈りに呼応して、私たちにふさわしい内容や言葉がすぐ与えられるからです。メディテーションには、神・キリスト・聖霊を通して派遣された方々が共にいてくださるのでしょう。時には、複数の方々の声のこともあります。私には、全く行き先を知らされないままですが降りてきたり湧き上がってきたり又見せられたりする光景をそのまま受け取って言葉にしてゆきます。その場に与えられる言葉は全員に共有され同一ですが、一人ひとりが異なった、独自の体験をします。

メディテーションは、ヒーリング（healing、エネルギーの活性化）を受ける場でもあります。その内容は、メンバーそれぞれが必要とする、心・肉体・魂への天界からの愛のエネルギーそのものです。その味わいと味わい方は一人ひとり独特ですし、頂く体験にはご本人ごとに深い意味が籠められています。というのも、天界の方々は普段から私たち一人ひとりをよくご存知らしく、求めに応じてふさわしく対応し、適切に導いてくださるからです。

友人から祈りについて聞かれるとき「求めることも大切」と申しますのは、祈りにはこの「呼応」があるからです（「求めよ、さらば與へられん。…門を叩け、さらば開かれん。」（「ルカ伝」／文語訳新約聖書、第一一章第九節）。祈りの中の求め「呼」は、人間の主体性に関わっています。自分で求める内容を自覚し、神に申し出ることにより「応」として与えられたものが時空の中でどのような位置にあり、どのように相互に関係しているかを知る基となります。祈りは聴かれなかったと思える事態にあっても、永い時間をかけ、広い空間をさ迷うとき、ふっと分ることがあります。時間と空間を永く広く視野に入れると分ってくるものがあります。

キリスト教の愛は、神との呼応に於いて、又人々との関係に於いて享受するだけの態度よりもさらに何かしら積極性を求めていると思います。人間界で物理的に行動することも、黙って祈ることも然り（「祈りは愛の実践」*）。

ここまで来て（七三歳）、皆さまに少しメディテーションの説明が出来るようになりました。感謝しています。皆さまとのメディテーションを楽しみにしております。

本書を通してメディテーションの奥深さや、天とつながる神秘を感じていただけますなら幸せに存じます。今、静かに置いてゆきます。

二〇一七年六月

中山　南　♡

* 中山南『愛の鐘の音響くとき』（リトン、二〇一三年）、三八頁。

もくじ

三・さぁ行ってみよう

六・メディテーションの世界へ

一・聞く

1. 何の音だろう？*

――神さま、今日Ｔくんが Y くん（一一歳）に会いに来てくれました
ここにこうして、また集まっております
Ｋさん、犬のメイちゃんも一緒です
ふさわしいメディテーションをさせてください

メディテーション

しっかりと坐りましょう
背筋を伸ばし、大きく息をします
ゆっくり吐いてください
もう一度――

遥か彼方から、
何か音が聞こえる
何の音だろう？
よーく耳を澄ませてごらん
太鼓かな？
歌声かしら？
いやー、それとも汽車の汽笛かなぁ？
何だろう、あの音は？

＊子供も出来るメディテーション。

あなたの心の中で、新しい年が始まっている
ほら、その音とともに

そう、その音はね、あなたの心の中に響いてくる
今年がスタートしたっていう音だよ

その音は、段々近づいてきて、
あなたの心の中に入りこんできただろう?

そう、
新しい年は始まっている

あなたは、これから色んな場面で、色んな選択《チョイス》(choice)をしてゆくだろうねぇ
右へ行こうか、左へ行こうか

どうしよう、真ん中の道かしら、それとも上へ登っちゃおうか？
でも、決して退《ひ》き返すんじゃないよ、いいかい？

もし、もしも、だよ、退き返したくなったら、
お祈りしたらいい

「神さま、どうかあの時のあの場面を 光で一杯にしてください」
そう祈るんだよ

でもね、あなたの道は、本当は、あなた自身が創ってゆくものなのだ
分っているでしょう？

誰も踏まない、あなただけの道
あなたの前には誰もいない、だから、道なんかないのさ

もし、あるとしたら、だよ、
それは、神さまが、イエスさまが、そして聖霊が、拓《ひら》いてくださる道だ

スマイル（smile）！　笑ってごらん、ほら、スマイル・マークのお顔をしてごらん
そう、それでよい

はい、大きく息をします
ゆっくり吐きます

用意が出来たら目を開けます

——祈りましょう

この一年間、あなたの光の器として歩んで行けますようにと、本当に

本当に、そう願います

人間の世界は、辛いことや悲しいことや　変なことや分けの分らないことなど、一杯あります

でも、神さまの光を信じて歩んで行きとうございます

（二〇〇九年一月二日）

…

2. 前方からの大きな光

今年最初のT君とのメディテーション

メディテーション1

☆

大きく息をして、ゆっくりと鼻から吐きましょう
それを二度ほど続けてください
今日は、まず光によるクレンジング（cleansing、浄化）です

頭の前方から　大きな光がやってきます
その光は　どさっと、私たちの身体を包みます
そして　そのあとからも　もっと　もっと強い光がやってきます

頭のてっぺんから　その光を頂きましょう

そして　脳や　目や　鼻の奥や　ゆっくりとその光を採り入れ
耳も　歯も　口の中も　光で一杯になってゆきます
喉にも　首のうしろにも
そして　両肩へ　腕へ　肘《ひじ》へ
そして　指の一本　一本へ

光は
頭のてっぺんからまた入って
また入ってきます

今度は　ゆっくりと　真っ直ぐに通り　胸の方へと入ってゆくことを自覚しましょう
背中の方へも入ります――上から、徐々に　徐々に、ゆっくりと入ってゆきます
お腹の方や腰の方へも　それから段々と　脚の方へと入ってゆきます
膝も　もし痛ければ　光をくるくると回してください
脛《すね》の方や　脹脛《ふくらはぎ》　踝《くるぶし》へと続きます

そして　足の指一つひとつに　光はゆっくりと入ってゆきます

頭のてっぺんから
今度は外側を　光はさらさらと流れます
その感触がわかりますか？

♡

私たちは今、光の人形のように、身体の隅々までが光で満たされ　輝いています
そのことを見てみてください
そして　この肉体が神さまから愛されているものであるということ　こんなにも多くの光を送っていてくださるということを　改めて意識してみましょう

そう　人間としての肉体だけでなく人間としての心や　そして魂が　神と繋がっているというその喜び、その感覚
いつも　いつもそうであること

そのことが　この光を通して認識できたことと思います

神に向かって　感謝とともに
「神さま、愛しています」
と言ってください

では、両手を広げ　光のマントをふゎ～っと　大事に抱くように　胸の前で交差させてください――腰の方も、足先も……
そして最後に、光の帽子を被《かぶ》りましょう
そして、もしかしたら　光の眼鏡

――神さま、ありがとうございました
このように光で満たされ、光で包まれ、そして歩いてゆきます
このことを　いつも　いつも、しっかりと自覚していたいと思います

それでは、目を開けてください
意識を身体に戻し、ゆっくりと目を開けてください

（二〇〇四年一月二六日）

3. 笑いましょう／三人姉妹

メディテーション１（笑いましょう）

胸の中にある空気を、ゆっくり吐き出しましょう
鼻から吸って
姿勢を正します

腰を伸ばし、首をゆったりとその上に置き
必要なら手も机に置きます
大きく息をして、またゆっくり吐きます

A．遠い、遠い昔より響きわたる
　いまも聞える――

いま　鳴り響いているのは、愛の鐘の音

B.　神が最初に打ち鳴らし
そして現在に至るまで
絶え間なく　鳴り響いている

A.　あなたは　それが聞えますか？
きっと　あなたの心には
どんな時にも　届いていることでしょう

B.　そうです
それは　遠い　遠い昔から
あなたのために打ち鳴らされてきたのですから

A.　あなたが　どこに居ようとも、何をしようとも

この鐘の音は、あなたの為
いつも鳴り響いているのです

B. そのことを覚え
そのことを想い出し
そのことを喜び、感謝しましょう

A. にっこり笑ってごらんなさい
あなたの笑顔は
多くの人々に明るい笑顔を誘います

B. そうです
あなたの笑顔は、どんなものにも増して
生命の溢れるものです

A．笑いましょう！
どのような場面においても
あなたの笑顔が多くの人々を癒します　励まします

B．ときに
笑顔でいることが
あなた自身には　とっても難しい時があるかもしれません

A．けれど　想い出してくださいね
あなたの為に打ち鳴らされた鐘の音が
あなたを取り囲み、そしてあなたの為に鳴っているということを

さぁ、大きく息をしましょう
吸ってください――肩があがるでしょう

そして、ゆっくり　また吐き出します
二、三回続けてください
これで、一回目のメディテーションは終りです
用意が出来たら、目を開けましょう

――神さま、いま一度メディテーションをさせてください

メディテーション 2（三人姉妹）

あなたは、いまどこにいますか？
あなたの持ち場をどのように心得ているでしょう？
そうです、三人三様、それぞれの持ち場があります

生まれ出ずる時より

ずーっと歩んで来た　今日までの道のりにおいて、
あなた方三人は　それぞれに　よ～く努めてきました

それは　私たち天界の者が　よ～く知っている
Nさん、Yさん、Mさん、
まるであなた方は三人姉妹のよう

そうです
それでよいのです
私たち天界の者たちも　それを喜んでいます

仲良く　そこに　そうして集い、赦し、さんざめき、笑い、
そして　そのように　神　キリスト　聖霊の恩寵を受けている
私たちも　どんなにか嬉しいことか、わかりますか？

それぞれの立場で　それぞれの持ち場で　つとめるがよい
人間としての肉体を終えるまで　私たちはあなた方をそこに生かし　見守っています
今日この日　あなた方三人のために私たちは歌います
ハレルヤ、ハレルヤ、ハレルヤと！

以上です

――今しばらく、目をつぶっていてください
ヒーリングがなされるでしょう（一〇―一五分）

（二〇一三年三月一三日）

4. 耳をつんざく音

メディテーション

——今日は五人、Kさん、Mさん、S君、Yさん、M、また足元にメイちゃんがおります
今日はほぼ満月、本当なら綺麗な月の光がこの窓辺を通し、私たちのテーブルにも届けられているはずです
このところ、気温の上下や　風や　雷や　地震やと、変動が激しゅうございます——どうかこの世が、自然の猛威を受けるのではなく、私たちがそのことをよく理解し、共に共存するという方向を実践できるようにと願っています
神さま、今日の日を感謝します
どうか、今日にふさわしいメディテーションをさせてください

背筋を伸ばしましょう
大きく息をして、ゆっくり吐きます
二、三度続けてください

北風の激しく吹く日――、また東からの風、西からの風、南からの風
あなた方はそこにいて、日々、いろ～んな方向の風を感じているに違いない
この風は、大地を越え、山を越え、そして遠い遠い海をも越え、
あなたの許へとやってきた風
あなたはその風に向かって　いま立っています

ゆっくりと呼吸をしていてください

・・・

耳をつんざく音――！

何でしょう？
あなたのすぐ側で　何かが起きています
けれど　あなたは、それが何なのか、さっぱり分かりません
ほら、またしました――まるで稲光のように

あなたは思わず身を地に伏せ、耳を覆います
あなたの胸は高鳴り、鼓動はドキドキしています
けれども、あなたの心の奥深～くに　安定した感覚があるのを
あなたは知っています

頭の上を　風がさぁ～っと流れてゆきます
あたりはシーンと静かです

「何だったんだろう？」

あなたはそう思いながら　耳から手を離し、ゆっくり 辺りを見回しています
そして　ゆっくり　立ち上がります
あなたの身体を風がまた さぁ～っ と通り抜けてゆきます
あなたは　ただ黙ってどこか遠くを見ています
そして耳も 何か聞こえるかしら……？

静かな 静かな 時が流れます
：
：
：
：
祈りましょう

――神さま、私たち人間界の周りには　実に様々な出来事が起こります
私たちの全く思いもよらぬこと、それが日々　世界のあちこちで起こ
っていると思われます

それは、多分に　人間同士の感情のもつれ、無理解、無責任——いろ~んな そういうものが　ごちゃ混ぜになっているでしょう
そして、そこに起こる 様々な現象をあなたの目からご覧になれば
本当にとるに足らない人間の愚かさかもしれません
「あなた方は　何を一番大事として生きてゆくのか？」
その答が　未だに見つけられず　ウロウロしているのが人間と思われます
どこかで少しは分かっていても、実践したり　自分の生活の根底に据えたりすることがどうしてこんなに難しいのでしょう？
神さま、教えてください
人間間《かん》のこのようなネガティヴな関係を、エネルギーを、どのように外したらよいのでしょう？

——ずーっとずーっと人間は苦しんで参りました
これからも　多くの人間がそうなのかも知れません

その中で　あなたのみ心を知る者が　あなたのみ心を実践する者が
ほんの一握りでも存在することを得させてください
どうかそのことを通して、周りの方々も　そのことによ～く気がつき、共に歩む日々を迎えられることができますようにと願います
私たち一人ひとりが出来ること　しなければならないこと、やってみたらホントーに心が浮き浮きすること、そういうことでしょう

――一つ、扉を開けとうございます
そして　その世界を味わい、そしてまた、その先にある扉を一つ　またひとつ　開けてゆきとうございます
神さま、ここに集まった者たちがその一つ、第一歩を、勇気をもって開けてゆける者とならせてください

大～きく　息をしましょう
あなたの心と身体とが　ゆったりと落ちつくまで

お好きなだけ ゆっくりと息をしていてください
そして　用意が出来たら目を開けます

（二〇一四年五月一四日）

5.　神の国からの使者

（UA、NT、TY、OK、MO）

☆

メディテーション１

息を大きくゆっくり吸ってください
そしてまた、ゆっくりと吐いてゆきます
それを　二度程くり返します

＊

今宵、あなたが休む時　あなたの口から出ずる言葉
「神よ、この日を感謝します
あなたの恵みによって　今日も生かされ、一日を無事に終えました
今日眠るときに、私にたくさんのヒーリングをしてください

私が　あなたのみ心に沿って、明日も歩めますように」

神の国からの使者が、ここに二人おられます
白い衣を着、頭には光の輪をつけ　そして腕には大きな大きな光の玉
しばらく、それを見せて頂いて、心をそこに集中します　（三五秒）

その光の玉は大きく、どんどん大きくなり　この部屋一杯になっています
私たちの身体をも取り込んで、その光は　さらに大きくふくらんでゆきます
この家から放射状に、その光は外へと飛んでゆきます　（一二秒）

その光は、人びとの心に届きます
その光を必要としている方々――
病の方、看護している方、伏せっている方、淋しい方、孤独で打ちひしがれている方、
あるいは　神を讃美し、心潤《うるお》されている方にも・・・

どんどん　どんどん　光の玉は大きくなります　（二〇秒）
そして　私たちの行ったことのない、
地球の向うの方へも届いてゆきます　（一二秒）

神が　仰せられます
「この光に　あなたがたは　潤されるがよい」　（一五秒）

多くの人びとを慰め　色々なかたちで人間としての悩みを打ち明け
日々の暮らしの中で苦しんでいる人びと――本当は苦しまなくてもよいのに――
けれど、人びとは その苦しみを 通して神の愛を知る　（三五秒）

天上に響く鐘の音が　この世にも鳴り渡ります
聞こえますか？
聞いてみてください　（二〇秒）

そう、それは　この世の時を刻む音
この世と天界とをつなぐ鐘の音
あなたの心の中に、静かにまた響いてきます　（三〇秒）

私たち、この世で生きとし生けるものすべて、
神の御手のうちにあり、神の見守りのうちにあり、光によって潤され養われている…
そのことを、あなたはどれだけ知っていますか？　（五五秒）

鐘の音はまだ続いています　（四八秒）

さあ、今度はあなたの持ち場へ帰りましょう
あなたの持ち場とは一体どこにあるのでしょう？
どんな所でしょう？

あなただけに 与えられた神からのメッセージ・・・　（七分二〇秒）

——神さま、このことの 大切さ をしっかりと心に思い、私たちの持場で
私たちが それぞれに ふさわしい働きが出来るようにしてください
私たちの働きが　あなたと真直ぐにつながり、何時《いつ》如何なるときもあ
なたによって 整えられ 人びとに接する その自分が見出せますよう
に——
日々　深い祈りができますように——

では、両足に 意識を 少し注意して注いでください
そして 自分の肉体を しっかりと 把握してください
用意ができたら　目を開けます　（七秒）

☆

――神さま、もう一つ　私たちにふさわしいメディテーションをさせてください

メディテーション２

ほら、遠い国から　誰かがやってきます
――あなたの許へ…
その足音が聞えますか？　（一五秒）
それは　どんな足音でしょう？
耳を澄ませてよ〜く聴いてみていてください　（二〇秒）
その足音は　近くになってきていますか？
それとも　同じ足跡を辿っているでしょうか？

それとも　遠くへ行こうとしているでしょうか？　（一分一〇秒）

その足音は、いまあなたが最も心の中に大きな自分の課題として持っているもの――
よ～く聴いてみていてください　（一二秒）

どんな足音にせよ、それはあなたのもの
あなたの所へやってくるものです
いつの日にか　きっとあなたの所へやってくる

そう、神からの使者、そのことをあなたは知っているでしょう？
あなたの祈りによって与えられたこの足音、よ～く聴いてごらんなさい　（一分）

これから あなたが 解決しようとしていること、希望していること、目標としている
こと、
色～んな ことがありますね

それは、きっとこのような足音のようにやってくるのです　（四〇秒）

あなたが いま願えば そのことは 必ず 叶《かな》えられます

祈りとは そういうものです

この足音の主《ぬし》は、遠い国から来たものではありますけれども

あなたの許に　あなたを目指してやってきているのです

何故なら、それは あなたが求めたから　（四五秒）

いま一度、その足音を 静かに聴いてみましょう　（五〇秒）

私たちの 心の奥に存在する 本当のこと、真実なこと、誠《まこと》――その足音が

ゆっくりと あなたの周りをまわります　（五〇秒）

そして、その足音は　天高く帰ってゆきます　（一〇秒）

さあ、あなたは どっかりと 坐ってください

そして このことをよ～く覚え、神に感謝し、私たちのこれからの日々に
　どのようにもたらされるのかを　心しておきましょう

用意ができたら　目を開けます

——神さま、このメディテーションの一時《ひととき》を感謝いたします
あなたが私たちに与えてくださるこの糧《かて》は、なんと大きなことでしょう！
この日この時をあなたとともに過ごせたことを、とてもとても嬉しく感じます
ありがとうございました！

これで　メディテーションを終りにいたします

（二〇〇三年一〇月二七日）

二・光の玉

1. 光の玉

――木々の緑は大きくなり、風に揺れ、今日は曇っていますけれども木漏れ陽がちらちらと美しい日々もあります
このような日々をお与えくださいました神さま、ありがとうございます
けれど、世界中には　た～くさんの苦しい方々がおられることも知っています
どうぞ彼等に　あなたの平安が与えられますように
彼らの心に潤いと暖かさとそして何よりもあなたの存在を知るよすがとなることを祈ります

メディテーション

背中を伸ばし　胃袋を伸ばし　肩はゆっくりと下ろし

鼻から大きく　息を吸います
そして、口からゆっくりと吐いてみましょう

両手をテーブルに置いてください——上向きです
この手の平に　あなたは天上界からの光を受けます
「手を開いていさえすればよい」という神さまからのメッセージ
それをあなたは知っていますか？
ゆっくりと　柔らか～く
その手を置いてくださいね

いま、神 キリスト 聖霊の名のもとに　あなたに向かってあなたのための光が降り
　てきます
どんな状態ですか？
どんな恰好をしていますか？

あなたに向かって降りてきた光　それは、スポットライト状にあなたをすぽりと
　包んでもいます
その中で、あなたが手を開き　神を讃美しています
その状態を自分でよーく味わってみてください

・・・
・・・

さぁ今度は、もう少し手を外側へ広げ
もうちょっと前に伸ばすと
その光を丸～い光として受け取れるでしょう

あなたがいま抱いている光の玉　それはみんなみんな
あなたの身体や　あなたの心や、そして
もしかしたら　あなたが気付かない魂の深ーいところへ届く光

そうです、これ等はみーんな、神キリスト聖霊を通して
いま、あなたにもたらされたもの
それを自分の胸の方へぎゅ〜っともってきます
そして　自身の身体の中に大事に大事に取り込みます

天上界からの光は　さらになお　どんどんあなたのもとへ送られてきています
もう一度、手を広げましょう
さあ、今度は　もう少し小さな球で結構です
きれいな雪だるまのボールを作るように　手の平で回してみてください
手の平が熱くなるかもしれません
向きを変えよ〜く見てみてください

さあ、これをどうするか？
あなたは　もう分かったでしょう、

そうです、これを一つに　真中《まんなか》へ集めましょう
少し　手を高く差し上げてください
この　いま五つの光のボール
これを一ヵ所に集めると　五つが輪になってしまいます

祈りましょう

――神さま、いつも頂いている光の玉、
これをいま、私たちは意識をして　この光を差し出します
それは、世界中に拡がっている人間の色々な思い――
悲しんでいる人、悩んでいる人、苦しみの中にある方、淋しく思う方
その日の食事も摂《と》れない方、心の中に冷たい風が吹き込んでいる方
また人を羨み　妬み、それが嫌で悶々としている方、或いはある対
象を敵と看做し　それに向かって攻撃をしようとしている方・・・

色～んな方がおられます
どうかいま、この五つの光の玉が　それぞれふさわしい所に飛んでゆ
　きますように

さあ、手をもう少し高く上げましょう
では　一度に飛ばします、いいですか？
それ――――！

手を広げ、横に持ってゆきます
大きく　息を吐いてください
きっと今の光の玉は　聖霊の働きによって　ふさわしい場所に運ばれます
そのことを信じ
そのことを信頼し
私たちは　日々祈りましょう

――神さま、私たちの祈りが
世界中いたる所に蔓延《まんえん》している心の病、肉体の痛み、色んな所へ ふさ
　わしくもたらされますように

日々の祈りがこれ程に大きな作用をもたらすとは誰が知るでしょう？
「人間界に於いて　祈りほど大きな力をもつものはない」と
神さま、あなたはそう仰います
けれど　私たち人間は　それがよく分らないでいます
目に見えないし　その現実がどう変わったか分らないし　聞こえてこ
　ないし・・・
けれど祈ります

――どうかどうか　私たち一人ひとりの祈りが　あなたによって聴かれ、
神、キリスト、聖霊を通すからこそ、それがふさわしく、この地球
上に飛んでゆき、作用し、そしてその現実をも変えてゆくのだとい

うこと…
どれだけ多くの人々が苦しんでいることでしょう
神さま、今日この日、そういう方々をお救いください
お願いいたします

大きく息をします
ゆっくり　吐いてください
用意が出来たら　目を開けましょう

（二〇一四年四月二八日）

2. 光を受け取る

――神さま、梅雨《つゆ》の一時《ひととき》、静かな夕べです
どうか今宵にふさわしいメディテーションをさせてください
メディテーションの中で、私たちはあなたからの愛を感じます
ヒーリングをしてくださったり、気づきを与えてくださったり、
いろ～んな要素のあることを知っています
ありがたいことです
一人ひとりがこのことをよく感知できますように

メディテーション

必要ならば　手をテーブルにどうぞ
その方が　姿勢を保つのに良いかも知れませんね

尾骶骨《びてい》から腰　腰から背骨　背骨から首の付け根　そしてその上に　首が載《の》ります
さらにその上に　頭を載せてください
少し大きめの息を　ゆっくり　いたしましょう

木の葉が 水に揺れるように　あなたの心は　いま揺れています
川の流れが速ければ速いほどそれはクルクルと水に呑み込まれ　流れてゆきます
岩にぶつかり　石の下に潜り　またまた浮上し……
その木の葉はまるであなた自身の人生の旅路のようです

そう、いろ〜んなことがありましたね
これからも　まだまだたくさん そういうこともあるかも知れません
けれど、あなたは知っていますね
そうです、もう　あなたの心は　それを自分自身に言いきかせました
あなた自身がどうであれ　この世がどうあれ　変わらないものがあると

それは、神、キリスト、聖霊の働き――
あなたは　いまここに居て、それをよ～く感知しようとしています

両手を拡げ　机の上に置きましょう
あなたの手の平を　心の目で　よ～く見てみましょう
どんな恰好をしていますか？

何か　乗っかっているでしょうか？
もし　乗っているものがあれば　それをそお～っと脇へ置いてください
もし空っぽならば　いまからた～くさん の光がやってきます
それを　充分に受け取ってください

もう少し　腕を拡げます
肩から脇を少し広げて　楽な姿勢
天界からは、あなたの手の平に向かって　一筋　二筋、強～い光が射してきました

ほら、ひょっとして　ちょっと暖《あった》かくありませんか？
ジンジンしていますか？

その光は、あなたの指から　溢れんばかりに輝いています――
よく観察してください、手は　そのままに……

今度は、あなたの頭上へ向かっても一筋の大きな光が射してきました
あなたの頭のてっぺんをすっぽりと包み　それから両肩へ
そして身体の方へも　その光は降りてゆきます
胸を包み　お腹を洗い　背中を流し　腰を温め　両脚へも進んでゆきます

腿《もも》から膝《ひざ》――膝をぐるぐる回っていますよ
それから　脹脛《ふくらはぎ》、脛《すね》、踝《くるぶし》、
そして足の指の一本一本に到るまで脚全体を包みました

手を　少し胸の方へ寄せます
胸と手の平の間に　光り輝く玉が存在します
その感触を味わい　その光を見てください
大〜きく息をして　それを一杯感じます

・・・
・・・

その光の玉を　手で少しギューッと抑えて　容積を小さくします
光の玉の質は変わりませんけれど　容積をだんだん小さくしてみましょう
両手の平《ひら》でぎゅ〜、もう一度ぎゅ〜
そして　大〜きな口を開いて　その玉を呑み込んでみましょう

上手に呑めましたか？——
喉を通り　鎖骨の辺りも通り
そして　肺の方にも　胃の方にも及びます

もし　あなたが気になるところがあれば、その部分に手をちょっと当ててみましょう

・

大きく息をして　その手をゆっくり放します

――祈ります

神さま、今日この光を身に受け　包まれ　そして内側へもしっかりと納めました

これは神様から頂いた光――よ～く、そのことを覚えていたと思います

しばらく　時間を差し上げます

どうぞ　ご自分で祈っていてください

そして、用意ができたら　大きく息をして　目を開けましょう

（二〇一四年六月一八日）

3. Sさんのメディテーション

——神さま、今日ここに、Sさん、Kさん、Yさんと私の四人集まりました
ワン！（「メイちゃんもだい！」）
今日にふさわしいメディテーションをさせて頂きたいと思っています
私たち一人ひとりに、あなたからの恵みをください

メディテーション

腰に意識をもってゆきます
ぐっと、力を入れてみてください
そしてその上に、背骨をス～ッと立ててゆきます
頭は、一番あとに、そっと載せましょう
両肩の力を抜いて、やんわりと手を膝の上におきます

呼吸に集中します
ゆっくり吐いてください
吐ききったところで、鼻からゆっくり吸い
そしてまたゆっくり吐きます
それを、あと二回繰り返してください

普通の呼吸に戻します

Sさん、この暑い中よく来たね
Yさんも、遠いところわざわざやって来たねぇ
みんな　みんな、ありがとう

私たちは喜んでいます
私たち天界の者がどんな顔しているか、どんなに喜んでいるか
どんなにあなた方を愛《いと》しく思っているか、想像してみてください

・・

「あなたはわたしの可愛い子」
神はいつもそう仰せられます
それはどういうことでしょう？

そうです、あなたの全存在を　神は知り給うてよしとされ
そしてそこに、人智を遥かに超えた恵みを日々送っていてくださる
あなたは、ですから、喜んで受け取っていさえすればよいのです

今日も亦、神は　あなたに向かって
た〜くさんの光を送っていらっしゃいます
さぁ、両手を広げて受け取りましょう

今　あなたの手の平《ひら》に　丸《まぁ》〜るい光の玉が置かれました
どんな大きさでしょう？
重いですか？　軽いですか？　温《あった》かいですか？

今、その玉は　少〜し大きくなっています
手の平ではちょっと抱えきれなくなりました
腕をもう少し広げ、その玉をしっかりと受け止めていましょう

その玉は、また少〜し大きくなりました
そうすると、それはあなたの身体を少〜し包んでいます
まるで、あなたが透明人間のように、その光の玉の端の方で交わっています

おや？　また玉は　少し大きくなりましたよ
さぁ、あなたは今、どんな状態でしょうか？
ちょっと自分で自分を観察してみてください

さらに さらに、 その光の玉は　ふくらんでゆきます
そうすると、 その光の向う側に　あなたの気になっている人が現われました！
その方も　一緒に向こう側から光の玉を抱えています

どんどん大きくなる光の玉
もう、 二人では抱えきれません
知らないうちに　た〜くさんの人がその光の玉に寄って来ています

み〜んな一緒になって、 輪になって　その玉を抱えます
けれど、 静かな　静かな光景です
誰も口をきこうとしません――ただ黙って、 その光の玉を抱えています

左手の方から　またたくさんの人びとがやって来ました
その人数にあわせて、
光の玉はどんどん大きくなります

・・

この広がりは　いったい何でしょう？
このままふくらんでゆくと　この光の玉は
まるで地球の大きさにまでなりそうです

いや
もっともっと大きくなるかも知れません
その様子を、あなたはしっかりと見ていましょう

・・・・
・・・・

大きく　息をしてください
もしこのまま続けていたければ　どうぞ
そして、用意が出来たらゆっくりと眼を開けます

それぞれ
ヒーリングが入っていますので
しばらく静かにしていましょう

・・・・
・・・・

終ります

（二〇一三年八月八日）

4.　今日という日／地球の果て

☆

メディテーション1（今日という日）

息を整えます
ゆっくりと吐きましょう
吐き切ったと思うところで　またゆっくり　鼻から吸ってください
それを二、三度くり返します
そして、また普通の呼吸に戻します

今日という日がどんな日なのか　あなたは知っていますか？
今日という日は　あなたが生まれて最も大切に思う日

いいえ、そういう日は　あなたが生まれて　毎日毎日続いてきたのです

そう、今日という日は　今日という日
あなたの人生の時間の中で　いまこの瞬間も一回きり
この瞬間　この瞬間　そしてまたこの瞬間・・・
それが　ずーっと続いてきたのです――そしてこれからも・・・

この一瞬一瞬を　どのような心持で
どのように会話し　どのように行動し　どのように思うか？

あなたの肉体の隅々に至るまで　神の光が差し込んでいます
その光は　神からの慈しみ
神からの励まし
神からのいろ～んなメッセージ
受け取ってください

あなたの身体が　あなたに何か云いましたか？

それとも　誰かと会話しましたか？

あなたの身体は　あなたのもの
あなたが慈しみ　育ててあげるのです
そして　そこに求めるとき　たくさんの天界からの応援が入ります
「求めなさい、求めるがよい」
そう仰っています

では　このことに感謝し　このことを覚え
日々の生活の中でこのことを求めることを約束し、いつもの自分に戻ります

用意ができたら　目を開けます

☆

メディテーション２（地球の果て）

地球の果て――
あなたは　そこを歩いたことがあるだろうか？

地球の果て――
そんな所が　本当にあるのだろうか？
あなたはそう思うに違いない

地球の果て――
それは　あなたの心の中にある！
あなたが　この世で　人間という形をとり　人間として歩むとき
地球の果て――

そう　きっとあなたは　その淵を歩いたに違いない！
それは　まるで　それまでの世界から隔絶し　人々が寄りつかず
人々の楽しげな声や　笑いやさざめきが全く届かない、そういう所
つまり　あなたがたった一人で、何の助けもなく　歩き続けているという
　そういう自覚

地球の果て――
あなたの心に
そのような時があったに違いない

けれども
よーく　よーく
心を澄ませてごらん
あなたは　どこかに一条の光を
清らかな水の流れを　感じていたのではないだろうか？

細い　細～い
糸のような光
どこか遠～い所でする　きれいな水音

歩き続けるとは、そういうこと——
あなたが歩けないと感じたとき
あなたが倒れて　もう動けないと感じたとき
あるいは、この地球の果てにさえ
住むことを　歩むことを　存在することを　拒否しようとしたとき
この光とこの水音が　あなたを包む

まるで　真綿であなたを包むように
その光は、しっかりと　やさしく、あなたを包む
その水音は　この人間の世とあなたとの間に
きれいな　きれいな水しぶきをあげる

「しばし休めよ」
神の声が聞こえる

あなたは　母の胎内を覚えているだろうか？
そこで十分に成長し、そしてその時を得たそのとき　あなたは
　再びこの世に生まれ出ずる！
それは　何ものにも換え難く　貴く・・・
あなたの存在を　神は祝し給《たも》う
ハレルヤ　ハレルヤ　ハレルヤ、アーメン

（二〇〇四年九月二七日）

5. あなたに向かって一筋《ひとすじ》の光

メディテーション

高〜いところから　あなたに向かって一筋《ひとすじ》の光
どこから来ているのでしょう、かなり強力な光です
もし　周りが真暗なら　それは闇をつんざく光として
　多くの人の目に触れるでしょう
けれど　今は明るい昼間です
ですから　その光は　あなたに感ぜられる強力な光——
あなたに　どのように届いているでしょう？　味わっていてください

・・・
・・・

大~きく息をして　その光をよ~く見てください
いま　その光はあなたの両手の平にも――両手を少し持ち上げて上に向けましょう
そして　あなた全体をすっぽりすっぽり包んでいるのが分かりますか?
身体が暖か~~いでしょうか?
足の裏もジンジンと　暖か~~いでしょうか?
そして頭は柔か~~く軽くなったでしょうか?

いましばらく静かにしていましょう

・・・
・・・

自分で終りを決めてください
終るときは大きな息を二、三度しましょう

そして　ゆっくりと目を開けます

・・・

・・・

いま、少し濃いめのブルーのマントがふわ～っと降りてきて
　一人ひとりをくるんでいます

大～きく息をして　感謝をしてください

――祈ります

神さま、こんなに素晴らしい時を与えられてよいのでしょうか？
普段は味わえない この柔らかさ、清々《すがすが》しさ、温かさ、そして人間の
手ではどうしても出来ないこと――魂の奥までのヒーリング・・

そして　同時に、心を整え、肉体の痛みをはずし、細胞を活性化さ

せて頂くこの一時《ひととき》・・・感謝です
ありがとうございました

——終ります

（二〇一四年九月三〇日）

6. 光を味わう

☆ メディテーション1

自分がいまどんな呼吸をしているか、観察してください
速いか　遅いか　浅いか　深～い呼吸か　どこを使って呼吸しているか　など
今度は、胸を使って　大～きな息をします
肩がもち上がるかもしれませんし、胸骨《きょうこつ》を左右にう～んと開くでしょう
いっぱい空気を入れたら　今度はゆっくり吐きます
眉間の皺《しわ》は開いてください

――神さま、今日の日をありがとうございます

今日も祈ります
――私たちに関係するお一人おひとりにもあなたの恵みがたくさん
ありますように

もう一度　呼吸を整えます
大～きく息をしてゆっくり吐いてください――あと二回・・・
ゆっくりと目を開けてください
終ります

☆

メディテーション2

南さん　〝ファイト（fight）〟と言ってごらん

――〝アイト〟――ｆの音が抜けます

そうだねぇ

――今後、この前歯をどうしたらよいのか　神さまに伺いながら
進めてまいります
Ｈさんのご意見も為になります
ありがとうございます

――〝アイト〟！

大きな息をして背骨を 真直ぐ
胃袋も開いて
頭も 真直ぐ上に立てます
光が いっぱい 降りてきています

私たち一人ひとりをすっぽりと包んでくださっています
その光を味わってください

その光を口の中に頬張《ほおば》ってください
手で触ってみてください
お尻で押してみてください――或いは、ギューッと抱きついてみてください

・・・

光の中で歌を歌いましょう
あなたの好きな歌、大～きな声で
心の中で歌ってください

歌い終ったあなたは　その光を仰いでニコニコしています
口元が綻《ほころ》び　心も和らいでいます
な～んて柔らかなエネルギーでしょう

もう一度
胸いっぱいにその光を吸い込みます
用意が出来たら　目を開けてください

（二〇一四年一一月二五日）

三．

さぁ行ってみよう

1. 湖へ

——神さま、二〇〇九年もあと四日で終ろうとしています
一年の締めくくりにあたって、ふわさしいメディテーションをさせてください
そして、来るべき二〇一〇年に向けて、T君も私も、心新たに自分の持ち場を一所懸命歩んでゆきたいと思います

メディテーション

静かな息をしていましょう
・・・
・・・
胃袋のあたりをぐーっと伸ばします
そして、深〜い息を二、三度してください

口から吐いてください
・・・
斜め頭上から、金色の光が届いています
顔や頭や、そして
それが全身に廻ってゆきます
・・・
いまあなたは、湖の前に佇んでいます
その湖は、きれいなきれいな水を湛《たた》え
静か〜に光っています
・・・
頭上からの光は、その湖面をきらきらと輝かせています
あなたはいま、思い切ってその湖の中に入ってゆこうとしています

靴を脱ぎます

そして、着ているものもぜーんぶ脱いで、少しずつ入ってみましょう
冷たいですか？
それとも思ったより温かいでしょうか？

そして、真ん中の方へと進んでゆきます
水嵩《みずかさ》は、少しずつ深くなり、
あなたの胸のあたりまで届いてきました

あなたは両腕をあげ、
まるで万歳をしているような、
そんな形をそこでやってみます

すると、光はいよいよ増して、

あなたの手の平は、
まるで熱い炎がやってきたように感ぜられます

手は、そのままです
またもう一歩、進んでみましょう
さらにもう一歩、

すると今度は、首のあたりまで、その湖の水は届きました
相変わらず手は温かく、熱いくらいです
そしてその温かさは、腕から身体、お腹の方にまで伝わり、足の方へも流れてゆきます

さらにあと一歩、もう一歩　進みましょう
今度は、鼻の下まで湖面がやってきています
それでもあなたは、何か心地よ〜い、音楽の調べにでも合わせるかのごとく、また
　もう一歩、そしてまたもう一歩、進みます

すると今度は、頭のてっぺんまで水がゆきます
手を下げます
不思議なことに、あなたは呼吸を水の中でしています
ちっとも苦しさを覚えません
くるん、とでんぐり返しをしました
そして不思議なことに、そのまま数回、くるん、くるん、と、身体は丸～くなって回っています

・・・
・・・

あなたは、
腕を、脚を、パッツ！と開いて、
丸くなっていた身体が、放射状に開かれます
湖のもう少し深いところへ行きたくなりました

行ってみましょう
何か見えてきたでしょう?　よーく見てください
・・・・・・・・・
・・・・・・・・・（二〇分）
・・・・・・・・・
好きなだけ動き廻ってください
そして最後に、その湖の底に輝く小さな石を見つけます
それを拾って、あがってきます
・・・
・・・
その石を握りしめ、
あなたは湖の辺《ほとり》に立ちます
そして、手の平の中にあるその小～さな石を見つめてください

いいですか？
いまからそれを口の中に入れます
ポン！と入れてみましょう

そしてそれを、ゆっくりと呑んでください
その小さな石は、あなたの身体の必要な所に廻ってゆき、その細胞を癒し活気づけてくれます
ときには、あなたの心であったりするかも知れません

はい、衣服を着ます、靴を履きます
そして両腕を左右に広げ、出来るだけ大〜きな声でその場でワァ――ッ！と声を出します
その森中に響き渡るような大きな声です

はい、

大〜きく息をしましょう
口から吐いてください
祈ります

（二〇〇九年一二月二八日）

2. 天のエネルギー

メディテーション

ソーラー・チャクラ（solar chakra）を意識してください＊

——（南）ソーラー・チャクラとはどこだか覚えていますか？

——（K）覚えていません

——（南）胃袋の辺りです

そこを　グーット開いて　天地からのエネルギーを頂ける空間を作ります

頭のてっぺんから　たくさんの光が入ってきます

それを　ソーラー・チャクラに流します——そして　そこに、そお～っと蓄えましょう

光は　どんどん入ってきます
もうこれ以上　入りきれないほど、パンパンになります

今度は　足の裏を意識します
地球の核から送られてくるメッセージ、
人間の一人ひとりをサポート（支持）しようとする地のエネルギー
それを　足の裏でキャッチしてください

熱――くなってきましたか？
そのエネルギーを　膝小僧、股《また》、お腹を伝って
さっきのソーラー・チャクラへ到達させます
そして　そこで何が起こるでしょう？

＊チャクラ（chakra）とは、元来は「車輪」を意味するサンスクリット語。人の身体にはチャクラと呼ばれてエネルギー（気）の出入を司る七個所があるとされる〈7.頭頂(crown chakra)、6.眉間（みけん）(brow c.)、5.喉(throat c.)、4.胸(heart c.)、3.鳩尾（みぞおち）(solar c.)、2.丹田（たんでん）(sacral c.)、そして1.尾骶（びてい）骨（こつ）(base c.)〉

そうです　天からの光と地からのエネルギーとが合流し、ミックスされ（混ぜ合わされ）そしてそこで　あなたの為に赤々と燃え始めます

それは　あなたをすっぽりと包み　内側から　そして皮膚の表面にも及びます

熱い　熱いエネルギーが　全身にみなぎります

頭のてっぺんから　足のつま先まで…

そして　そのミックスされたエネルギーは

あなたの身体を螺旋状に包んでゆきます

上から下へ　下から上へ

……何回も、何回も

・・・・

・・・・

——（南に）なぜか、介護施設におられるベッド上のＹ小母様の全身に、このコイル状のエネルギーが巻かれる映像があった

すると力強い声、「さぁ、立ち上がるのです！」:*

・・・・

・・・・

このエネルギーを　神はあなたに与えられた
この作業をするにあたり　一人だけこのエネルギーを分けることが出来る
あなたの心にかかっている人に分け与えるがよい
その方をイメージし　上から下へ　下から上へと　そのエネルギーを通してあげるのです**

・・・・

* この日の翌日、原先生とY氏とが病室で、それ迄はコンコンと眠り続けておられたY小母様と長いこと話をなさった由。それが最後の会話であったと後日聞く。、

** メディテーションの最中、言葉を頂く前に、先に映像が見えたり、音が聞こえたりすることもあります。

・・・・

・・・・

さぁ、ゆっくり立ち上がってください
あなたの新しい年です
いいですか　Kさん　南さん
今年こそは　あなた方の年　私たちも待っていましたよ

大きく息をします
いっぱい吸い込んで
ゆっくり口から吐いてください
二、三度続けましょう

――祈ります
神さま、今日のメディテーションをありがとうございました

私たちに、本当にふさわしいものであったと有難く思います
二〇一〇年を期して、本当に、本当に、変化（change）・挑戦（challenge）の年となりますよう願っています
どうぞ、聖霊の働きが私たちに及びますように

（二〇一〇年一月四日）

3. 月の砂漠

メディテーション

では始めます
大きく息をしましょうね
首をまっすぐに　背骨の上に立ててください

♬♪
「月の砂漠を—、
　はるー ばるとー……」

♬♪
この歌を知っていますか？

砂漠を行く二頭の駱駝《らくだ》、

そして　そこにいる二人
金と銀の甕《かめ》
そして　夜空には満月
その駱駝の影が、くっきりと 砂漠の地に映し出されています

流れ星がシュー！
一つ、またひとつ……
遠い 遠い 沙漠の果てを旅する二頭の駱駝、
そしてその上の二人
私たちの周りには　そういう砂漠が　た～くさん存在しています

そうです、あなたも亦　砂漠をゆく旅人
けれどあなたは、今どこに向かっているか 知っています
そうです、心の奥深くでちゃ～んと分っているのです――まるで星が導くかのように
さあ、みんなで歌ってみましょうか？

心の中で　それぞれ歌ってみてください

この世の砂丘の向こうには何があるでしょう？

芳しい緑の牧場
樹々の生い茂った涼やかな森
そして、美しい湖の湖面が光っています
その湖面の輝きはあなたの目を射
あなたの心をその光で一杯にしています
——その方向へ行ってみましょう

キラ キラ キラ キラ 輝くその湖
ちょっとだけ　足をつけてみましょう
どんな気持がしますか？
さあ　それでは、もうちょっと深いところまで入ってみましょう

どんどん行ってください
そして、あなたの身長の届かない、そのくらい深いところに　今います
不思議なことに　息はちっとも苦しくありません
それよりか　あなたは　その涼やかな水と一体になろうとしています
ぐるん　ぐるん――でんぐり返しをしてみましょう
素潜りの真似をして、深～い方向へ進んでください
そこにも、天からの光は届いています
水を通して　湖の深～いところまで　光は届いています

スーイスィー、
ぐるんぐるん……、
あなたは自由自在
ちょっと上に行ったり
また深～く潜ったり

あるいは　真っ～直ぐ横に移動したり

時々あなたの口から出る
プクプクとした小さな泡つぶ
それがさらに光を受けて まぶしく輝いています
――おや？　何かありますよ
湖の向うの方に 何かがキラキラと光っています
行ってみましょう

さあ、それは何でしたか？
よ～く観察してみてくださいね
あなたは、それを自分の手にしようか、そこに置いておこうか？
――ちょっと迷いますけれど
やはり　少ーし手で触ってみたくなりましたよ
手の平に載せてみましょう

もう一方の手で　そのものを蓋《ふた》をするように　持ってみてください
何か感じますか?
——あなたは その きらきら輝くものと交流しています、話をしています
あなたは最後に　一言《ひとこと》、ことばを述べます

そして　そお〜っと手を開き
また　元あったところへそれを置きましょう

湖の表面は さらに静かに
キラキラと輝いています
さぁ　あなたは、今そちらの方向へ　ぐんぐん上がってゆくのです
何か音楽が聞こえてきています
どこからか、綺麗な 綺麗な 澄んだ音色——
まるで　その湖全体が奏でているような、歌っているような

しばらく動きを止めて　その音色を聞いていたあなたは
また勢いよく　元いた場所へと泳いでゆきます

：

：

さぁ、最初に足をつけた場所、
そこへあなたは　いま　湖の中からスポンと跳び上がります
――変ですねぇ
ちっとも濡れていませんよ

大～きく息をします
空に向って胸をう～んと開き

大〜きな息をします
呼吸を段々ゆっくり整え
用意ができたら　目を開けましょう

——祈ります
——神さま、今日のメディテーションをありがとうございました
これからの世の中の動きを予見し　私たちに何をしたらよいか、どう対処したらよいか　問いかけてもいます
——神さま、人間の世の中には　ホントに　ホントに　思いもかけないネガティヴなエネルギーが動いているようです
けれど、その中で私たちがどの方向を向き、何をし、何を心がけ日々を生き生きと生きてゆくか
そして何よりも神さま、あなたが私達を見守っていてくださること、イエスさまが側に立っていてくださるということ、そして必ず聖霊

の働きがそこにあるということ――それ等を知らされます

有難いことです

――今日のメディテーションを感謝し、これで終りといたします

（二〇一四年五月一四日）

4.　砂地の道

メディテーション

呼吸を静かに整えます
ゆっくりと　吐いてください
吐ききったところで　吸い込みます
それを二、三度、繰り返します

一九四五年四月*、
あなたは、ある道を歩いていた
その道は、乾燥して真直ぐに続き、
砂埃が歩く度に上がるような、そんな道だった

* 一九四五年は日本敗戦の年（同年八月に終戦）。

その道を
あなたはたった一人
一足　一足、歩んでいた
周りには草木も無く　見渡す限り砂地の道　土の道

あなたは　どこに向かっているのでしょう?
何のためにそこを歩いているのでしょう?
それすらも分からなくなるほどに
あなたは　その一歩一歩が　辛くて辛くて仕方なかった

にも拘らず　あなたの心の中には　何か不思議なメロディーが流れていた
それは　その乾燥した　荒涼とした大地とは裏腹に
あなたの心に潤いをもたらす　雫の一滴　一滴となって
あなたの身体を　ゆっくりと　前へ　前へと進ませるのであった

そのメロディーは
聞こえてくるのでもなく　自分が口ずさんでいるのでもなく
どこか　自分の身体の奥底から　ふつ　ふつと湧き上がってくる
そんな感じだった

あなたはいま
自分の爪先しか見えないほどに
ゆっくりと　一歩　また一歩
そのメロディーを感じながら　歩いています

天空から照りつける太陽が　あなたの身体をジリジリと焼き
喉の渇きや皮膚の乾き——
しかし、それにも拘らず
あなたは　また一歩、そして次の一歩を踏み出します

いったい　あなたは　どこへ行くというのでしょう?
まるで　永遠に続くかのようなこの道も亦　それが大地の上なれば
一歩　一歩　前に進めることによって
緑豊かな大地へと導かれるのです

あなたは　どこかで知っています
そのメロディーと共に　歩き続けることこそ　あなたがいま出来る最善のこと
この世に残された方法として　それが何より大事なこと
Nさんや　KRさんや　Mさんや　多くの人々がいま抱えている問題　それはこのような図になって現われてきます

——祈りましょう
神さま、この人間の世界にあって、
このような荒涼とした大地を、一人でテクテク歩く
どのような道連れもなく、荒れ果てた、疲れ果てるような光景の中を

たった一人で　ゆっくりと歩む
そういう人々が、この世にたくさんいらっしゃることでしょう
――神さま、あなたは、その一人ひとりにあなたからのふさわしいメッセージを送っていてくださいます
心の奥底をよく聴くならば、魂に耳を澄ますなら、聞えてくる、感ぜられることが、あなたからであることを知るでしょう
――神さま、このような歩みを続けている人々に、いま、あなたからのその光を増し加えてください
心の中のそのメロディーが、もっと　もっと大きく鳴りますように
そして、その一歩が踏み出され、また一歩が踏み出されて、いつの日にかきっと、あなたの待っていらっしゃる豊かな国へと導かれますように
世界中に散らばっている人々の心を　平和の光で満たしてください
必要な求めに応じた光を　お送りください

――神さま、このメディテーションをありがとうございました

世界の平和について、それは、人びとの一人ひとりの心の平和と密接に

　繋がっていることを知ります

どうか、いま人間のもっている問題の数々が、あなたによって清められ、

　光で満たされてゆきますようにと願います

今日、この日、Yさんと二人でのこのような時を備えてくださいました

　ことを感謝して、これで終ります

ありがとうございました

（二〇〇四年六月二九日）

5.　帆掛け舟に乗る／基本は一対一

☆

メディテーション1（帆掛け舟に乗る）

姿勢を正しましょう
大きく息をしてください

・・・・

遠い遠い空の彼方から　何かがやってくる、何だろう？
よぉく目を凝らしてご覧、見えるかい？

そう、それは一艘の舟――久しぶりだと思わないかい？
いつだったか、帆掛け舟を見かけたことがあったね
ほら、だんだん近づいてくる

・・・・

覚えているだろうか、君は、帆掛け舟に乗って移動したことを
さぁ、今日もこの帆掛け舟に乗ってみよう！
君の頭上でピタリと停まったその舟は、手すりから縄梯子がするすると降りてきて
いる
両手でしっかりと掴み、その縄梯子を登ってご覧
そして、手すりから甲板へ　ピョンと飛び降りるんだ

縄梯子はまたひとりでにするすると巻き上がり
甲板の隅っこにちゃんと納《おさ》まっている
君はキョロキョロと見回すけれども　誰ぁれもいない
ちょっと動き回ってみようか？
帆先の方へ行ってみたり　下の部屋へ行ってみたり

・・・・

やっぱり誰ぁれもいない
そうか、そうだった——君は想い出している・・・・いつだったかも一人だった

そうこうするうちに、その舟は君を乗せてスーッと動き出したよ
だんだんスピードが速くなり、君は両脇を広げてみる——
風がさぁっとその腕を通り抜け、とっても気持がよい

・・

どこへ向かっているのだろう？

・・

君は未だ知らないけれど
この舟はね、君を乗せて君のいるべき新天地へどぉ〜んどん進んでいるんだよ
新天地？——そう、分かるかなぁ、分かるかい？

スピードはどんどん上がってるね

・・・・

・・・・

もうどのくらい来たかしら？
その舟の速度が緩《ゆる》やかになってきた

そして、ずるずると滑るような感触
やがてピタリと停まった——
あたりを、周りを、見回してご覧、何か見えるかい？

・
・
・

さぁ、その地へ足をつけてみようではないか？
すると、さっきの縄梯子はまたひとりでにスルスルと伸び
船外へと君を導いているようだ

・
・
・

君はまたしっかりと縄梯子を掴み、一段々々ゆっくりと降りたらいい

何かいい香りがしてくるでしょ？

さぁ、最後の段をピョンと飛び降り、君はいま新しい大地に足をつけた
さっきから何となく芳《かんば》しい香——
そして吹いてくる風のなかに何か聞こえるかい？

・・・

うーんと　大きな息をしてご覧
胸いっぱいにその地の空気を吸い込むんだ——もう一度

・・

・

君の二本の足は、しっかりとその大地を踏み占めている
そう、この瞬間から君の人生は変わる！

・

・

・

どう変わるって？——そりゃぁ決まってるさ、君と大地が呼応するのさ
そして天が味方し　君はいま大〜きな 一歩を踏み出すところだ
それは何物にも代え難く　何よりもしっかりとしている

・

・

・

君の胸は喜びと ちょっとした不思議さと　そして期待と希望と　いろーんなものが
綯交《ないま》ぜになっている
たった一人ではあるけれど　誰ぁれも一緒じゃないけれど
でも、君は知っているだろう？

・
・
・

君の心の中にちゃぁんと一緒にいてくださる方を――

・
・

そう、イエスさま！

・・

大ーきく息をします――二三度 続けてください

・・・

しばらく 静かにしていましょう
そして 用意が出来たら　目を開けてください

・・・

これで終ります

☆

メディテーション2（基本は一対一）

風が吹いてきた
今日もまた、どっちの方向からだろう？
分かるかい？
東西南北
そしてその細かな方角もあるだろう

東西南北――知ってるよね？
小学校のとき習ったね、その特徴とともに――
けれど昨今　この風はおかしな方向から吹いてくるんだ
南風が冷たかったり
北風が生ぬるかったり

私たちの住むこの地球が　今　どんどん変化をしている
地球上のありとあらゆる生物が　今、変化しつつある
森も 林も 大地も 砂漠も、 南極や 北極の氷も
そして海の底も——
だから当然、 私たちの住む環境も違ってくる

ついこの間までそこで綺麗な川が流れていたというのに　今は濁流となって流れている
ではないか
ついこないだまでアザラシが気持よさそうに昼寝していた
もう一匹もいないいじゃないか
白熊がその体力のあらん限りをつくして白い氷原をテクテク歩いている
しかし、 ほらご覧、 歩くところがないんだ!

・・・

海の底だってそう
深海魚といわれている魚たちが、ほおら、あんなところにいるじゃないか
・・・
そして　たぁ～くさんのイルカたちが浜に打ち上げられて死んでいたりする
あんなによく海の中を知っているイルカたちがだよ
変だねぇ

そうやってどんどん自然の力は押し寄せてきている
でもね、ちょっと考えてご覧　どうしてそう変わったかを
人間の便利さをたぁくさんたぁくさん追い求め
楽になった楽になった、便利になった
早くなったねぇ、そして夜も昼も働ける

・・・

しかし今、人間たちよ　よくお聞き
あなたがたのしてきたことが　今こうして現実を、世界を、変えているのだよ
　分かるかい？
原発のこと、あれは一体どう考えたらいいのか？
君たちも　よぉく見てご覧
この大地が この空気が この宇宙が それによってどうなっているかを

・・・

自然界が変化しているだけではない

人間の心も変化している

・・

戦争　それを平気でやっている——武器　それを平気で売っている　買っている
——殺人　それを平気でやっている　そしてやり返している
そして　その狭間で起こっているいろーんな人間の圧力、虐待、拉致、誘拐

・・

それによって起こされる危険、疫病、飢餓

・・・

しかし今、君という人間がそこに居て
隣の人の手を取り

そしてまたその人が隣の人の手を取り
・・
握りあったその手による暖かい温《ぬく》もりが伝わり
そこには　武器を握る手はない
・・・

さぁ、今手を伸ばし
勇気を出して隣人の手を握ろうではないか
眼を見て、何か語りかけようではないか
・・・

そう、基本は 一対一
そこからすべてが始まるのだよ、分かるかい？
・・・
大きく息をします
気持のよいだけしてください
すーっと身体が収《おさ》まってゆきます
・・・
用意が出来たら眼を開けます
・・・

では　そろそろ終ります

――神さま、有難うございました
今日の日を感謝いたします

（二〇一五年六月二九日）

6.　長い塀

メディテーション

ゆっくりと、大きな息を二、三度してください

あなたの横手に　石造りのかなり高〜い塀が続いています
所どころ　蔦《つた》が絡《から》まったり　木に覆われたりしています
かなり向こうまで続いていますよ
どのくらいあるか、少し塀づたいに歩いてみましょう

ゆっくり　歩を進めてください

向うから　犬を連れた紳士がやってきます
帽子を被り　洒落《しゃれ》たコートを着ています

犬は　ジャック・ラッセルのようです
あなたは　軽く会釈をし、通り過ぎます

もうずいぶん歩いたのに　塀はまだ続いています――いったい　この中は何なのでしょう?

あなたは　まだ塀の脇を歩き続けています
すると、塀の中からでしょうか　水音が聞こえます
それは　恐らく噴水のようです
あなたの目には　映りませんけれど　その音は、絶え間なく　絶え間なく　水を流し続けているようです

あなたの足元では　いままで緑色だった草が　段々秋の色に変わってきています

不思議ですね

今の季節は 春から夏に移ったばかり
「どうして ここから先は 秋の景色なのかしら?」
そう思いながら　あなたは　その景色の中に入ってゆきます

黄色や赤に色づいた木の葉　そして足元には　すでに落葉した色~んな 形をした
葉っぱ――それが　あなたの足元の道端で　カサ カサ 音を立てています

塀はまだ続いています
バサッ!
どこからか　木の実が落ちる音がしました
上を向いてみると、木の梢で　栗鼠《りす》が走り回っています

あなたは　また　歩き始めています

秋の陽が　向うの林の方にゆっくりと沈んでゆきました

ホー　ホー　ホーホー
暗くなった辺りから　梟《ふくろう》の声が聞こえます
けれど　あの塀は　まだ続いています

それでも　あなたは、この塀がきっといつか終わるだろうと、ゆっくりではありま
　すが　歩みを続けています

月の光が足元を照らし　あなたの影をくっきりと浮かび上がらせています
夜風が吹き　あなたは少し寒さを感じ　シャツの衿を立てます
カサカサカサカサ　カサカサカサカサ
足元で　何かが　忙しそうに動いている音もします

所どころ　絡《から》まったツル状の木が　まるであなたに魔法の手を差しのべているような
　そんな錯覚に陥るような　そんな夜道を　あなたは　塀の脇を、未だ　ずーっと

ずっと　歩き続けています

いったい　この塀は、どれだけ続いているのでしょう？
もうあなたには　さっぱり分らなくなりました――
そして　どこかで、チチ　チチ　チチ　チチ　可愛らしい小鳥の声がし始めました
そうです、夜が明け始めたのです

辺りが少しずつ　白んできました――そして　朝霧が立ち込め始めました

あなたは　ただ塀に沿って歩いています
朝霧がすっかりと煙らせているからです
もう何も見えません・・・・
それでも　あなたは、ゆっくりと歩を進めています

何か聞こえてきませんか？

よ～く　耳を澄ませてみましょう――
霧の向こうから
或いは上から？・・・・

・・・・・・

ゆっくり　ゆっくり　歩きましょう

・・・

すると　突然、パアーッとその霧が晴れ渡りました
朝の太陽の光が　あなたに真直ぐ射しています
まぶしくて　目が開いていられないくらいです
何という変化でしょう！

あなたは思わず……どうしますか？

お好きなようにしてください
お好きなように 振舞《ふるま》ってください
：
：
：

最後にあなたは祈ります——それぞれに 祈ってください
・
・
・

神、キリスト、聖霊が あなたを祝してくださいますように！

あなたは いま 気がつきます
さっきからず～っとあった あなたの横のあの塀が、すっかり消えているではありませんか！

さぁ　それでは、あなたの身体に意識を向け
もう一度神に感謝をし、用意ができたら目を開けましょう

——祈ります
神さま、たくさんの気付きを、示唆を、そして希望を与えてくださっ
ていることを知ります
そこにはたくさんのヒーリングが与えられていることも知っています
私たちの心も体も弱いものですけれども、このように養ってくださ
ることを感謝いたします

（二〇一四年七月一六日）

四・　無限の可能性とは？

1. 受苦日

メディテーション

腰を少し伸ばしましょう
胃袋が　へちゃげていないでしょうか?
手を、ゆったりとテーブルに置いた方が楽です

たくさん　息を吐いてください——そして、ゆっくり吸い込みます
そして、鼻からまたゆっくりと　長い時間をかけて吐きます
ゆっくりと呼吸を続けましょう

——神さま、人間界において、いろんなことが日々起こります
私たちの現在の意にそまぬことが、た〜くさん起こります
私たちも、かつてはそうであったかもしれない、そういう次元のこと

も目の当たりにします
人は、それぞれの段階において、体験を通して学んでゆく・・・・否、
学ばない人もいる、とも思います
それは、いったいどういうことなのでしょう?
私も、かつてそうだったと思います　今もそうです
神さまが、せっかく与え給うた学びのチャンスを、しっかりと捉えき
れずにいた——そんな気がします
ですから、他の人々がそういう状態にあることを、あまり嘆かないよ
うにできると良いと思っています

（深い息）

Mさん、よく言った、
そのとおり
人はね、それぞれ見ているところが違うのだよ

同じ事象を目の前にしても、その人の生きてきた いろ～んな要素があいまって そ
こに観察という目ができる
だから、その観察眼はそれぞれに違うのさ
分るかい？

——はい

Yさん、今日はね、何の日か知ってるかい？
キリストが最も苦しい心境にあった日だよ
一夜明ければ、それはもうゴルゴタの丘へと続く行程となる
その前の晩、キリストは熱心に祈られた
キリストもまた、肉体を持つ人の子なれば、悪魔の誘いではないけれど、神の奇跡を
見たかった・・・・
分るかい？

鐘の鳴る丘へ向かって、我々は、一歩一歩歩もうではないか
ああ、そこには、もう誰もいないかもしれない
一歩、また一歩

・・・・

・・・・

背中を伸ばしてください

（Kさんの「ただいまぁ」という声）

ヒーリングが入っています
静かに、そのままにしていてください

・・・・

用意ができたら、目を開けます

——神さま、ありがとうございました

（二〇一三年三月二八日）

2.　かつてのショック

メディテーション

背中をまっすぐにして
お尻、坐骨をしっかりと立ててください
しばらくそのままで
ゆったりとした気分になるまで息を続けてください

・・・・
・・・・
・・・・

何もかも忘れて

この時間、真直ぐに神さまの方へと向います

・・・・
・・・・
・・・・
・・・・

いま心の奥底に、かつてあった一つのショック
そのことが想い出されます

いまも未だ解決し得ないこと
あなたは、いまそのことを、神に向って申し上げるのです

正直に、何のためらいもなく、ありのままを申し上げましょう
そうすることによって、この固まりは消えます

自分を、出来得る限り正直に、モヤモヤしていることや、どうにもならないこと
その感情を、ぜーんぶここで吐露しましょう

・・・・
・・・・
・・・・
・・・・

——神さま、いまここに申しましたひとつのこと、それはきっと、私たちの心の中で、他との関連においても同じようなことが起きているのだと思います
このひとつを赤裸々に申し上げることによって、どれほど多くの、私たちの心の奥の隅々に至るまでのこだわりを取り除いてくださいますことか

神さま、このことは、その時点で既にご存知です
けれど私たちは、それを手放すことが出来ませんでした
ショックをショックとして受け止め、月日の経つのを待ちながら
どこかぼんやりとしてきました
けれど、心の奥底で、確かに確かに存在していたのです
神さま、いまこのことにたくさんの光をください
このことを、あなたの光の中に置いてください
そうしてくださることによって、このこだわりは溶け去ってゆくこと
　を、私たちは既に知っています
そのことに信頼をおき、いま一度お願いいたします

両腕を少し動かして、上へ持ち上げます
手の平を、天に向って開きましょう

ここに、神さまは光を一杯に満たしてくださっています
あなたのこのこだわりは、この光の中に包まれました

そうです、それはもう、どうでもよいことです、だって、神さまがそのことをよしとしてくださったからです――神さまに預けましょう

手を下ろしましょう

そしてまたあらたに、神さまは聖霊をお遣わしになって、私たちのこの胸の前にきれいな、きれいな光を届けてくださいました――ほら、触ってご覧なさい
それを抱きしめてください

・・・・
・・・・
・・・・

大きく、息をしましょう――二、三度続けます
心臓の鼓動を感じてください

静かに目を開けます

――神さま、今日のメディテーションをありがとうございました
それぞれの歩んで来た道程において、私たちはいろいろなことを知っています
神さまは、もっともっと知っていらっしゃいます――全てを知っていらっしゃいます、私たちの心の内も、何をしているのかも、どう

いうつもりなのかも
しかし、神さまは待ってもくださいます
私たちの選択において、どっちの道を行くのか見守ってくださっても
います
今日この日、ふさわしいメディテーションをさせて頂きましたことを
感謝し、父、子、御霊にお礼を申します
ありがとうございました

終ります

（二〇〇八年三月二一日）

3. 無限の可能性とは？

——神さま、今日もT君と私とでメディテーションをいたします
本当は、Kさんも参加したかったのです
Yくん（一〇歳）は、アイスキャンディーを舐めています、でも聞いていますよ
メイちゃんは一緒です
どうぞ、私たちにふさわしいメディテーションをさせてください
父と子と聖霊によって　アーメン
（「アーメン」Yくんの声）

メディテーション

腰を意識してください

お尻の二つの骨―坐骨をまっすぐに立てます
少し　ぐらぐら　揺れてみてください
そうすると、垂直に立つところがあります
そこを固定し、その上に背骨が真っすぐに載っています
下から上へ、ずーっと背骨を持ち上げ、首の骨がその先に続きます
そして頭も、軽く　その上に載せましょう
自分の息を聴いてください

（とたんにYくん、「スーハー、スーハー」
――あぁ、なる程、参加しているわけね）

――神さま、今日の日を感謝いたします

今日　これから先に広がる空間・時間は永遠です
限りない可能性のもとに、その空間・時間は拡がっています

そのことを意識してください

今迄の過去の空間・時間は過ぎ去っています
今から始まるこの先は、無限です
あなたの可能性のすべてが　そこにあります
その可能性は、いったいどんなものでしょう？
具体的に　この世の糧となるもの――この地球上に生きてゆくのに必要不可欠なもの
そしてもう一つは、神とつながること――神、キリスト、聖霊が共に居たまうことを体験すること

それは、ときとして難しいかもしれない
けれど、この世の具体的な事柄を通して
あなたはしっかりと、その要素を見つめるであろう

神、キリスト、聖霊は、人間が必要なものを日々与えていてくださる
それが、どんなに人間的に辛いものだとしても、そこにはきっと神の配慮がなされる
神の配慮――それは、あなたを大きく成長させるものである
いまあなたはそれを知り、そのことを意識し
人間的辛さを乗り越えて、神のご意志を知る
心配する必要はない

それを乗り越えるために、あなたはいま、ここにこうしているではないか
神、キリスト、聖霊が、あなたを愛し、ここに座らせている
それはどういう意味か、どういうことか？

（小さく、ワン、ワン、ワン！）

………

それでは、大きく息をして、ゆっくり吐きましょう
それを、二、三回続けてください

（――――――――Yくんのなにか囁《ささや》く声）

自分のどの部分が　いま最も癒されたでしょうか？

（「あー、すごい大っきい」）

（こんこん）

（「すごい大っきい――」）

（「すごい大っきい」）

（何か落ちる音――「痛ぁーい！」）

もう一度、大きく息をします

（Yくん、スウー、スウー）

用意ができたら、目を開けましょう
ちょうど一時間になりました

（二〇〇八年七月二八日）

4.　聖霊の風

メディテーション

スーッと背中を伸ばし　頭もスーッと伸ばしましょう
肩は楽に力を抜いて・・・・
大ーきな息を二、三度　繰り返してください

そよ風が吹いてきます
あなたの方に、あなたの頬《ほお》に
その風は　やさし～く吹いてきます

そおっとそおーっと撫でて
あなたの耳元で、「こんにちは、また来たよ」と言います

「また来た？」

それは、あなたの許へ来た聖霊の風・・・
あなたをやさし～くやさし～く包みます
頬を触《さわ》られ　首を触られ　身体全体もやさし～く触られています

あなたは　とても気持ち良いので、　そのまま静か～に息を続けてください
柔らかぁ～い　その風の感触
あなたの身も心も　蕩《とろ》けそうです

大きく息をしましょう
聖霊の風は、あなたをしっかり包み，「また来るよぉ」と言っています
あなたは　心の中で何か応えてください

・・

では、用意ができたら　大きな息をして、目を開けてください

――終ります　感謝

（二〇一四年九月二三日）

5. 持ち場

——神さま、今日という日を与えてくださいましたことを感謝いたします
ここにS司祭を迎え、私たち五人（H、Y、T、K、M）が聖なるご聖体を拝受し、聖なるキリストの血を頂きました
このことは 私達にとって どういう意味をもっているのか、日々の生活の中ででも よぉ〜く 考え、そしてそのことを覚えていたいと思います

——今ここに集い、今日にふさわしいメディテーションをさせて頂きたいと願っております
神さま、どうか 一人ひとりにふさわしく、あなたからのみ光を頂きとうございます

（ヒヨドリの囀《さえず》り続く）

メディテーション

大ーきく 息をしましょう
たーくさん 吸って
ゆっくり吐いてください
そして 腰を立て
背骨をその上に 真直ぐに 持ってくるようにいたしましょう

た〜くさん 吸い込むとき、
尾骶骨《びていこつ》のあたりからう〜んと 吸い上げるような　そういう意識で吸い込みます
そうすると　背骨がスーッと上の方へ持ち上げられ、首がそこに載ります
頭も　その上に ふんわり 載せていてください　（小鳥の声）
う〜んと いっぱい 吸い込んで、 吐くときは　今度は 頭のてっぺんから吐くような、
そういう意識で　呼吸を二、三度してください　（ヒヨドリ　ピューイ　ピューイ）

♡

カリスマの世※、私たちは　時々そういう言葉を耳にする——しかし、本当のところは何だろう？
この世にあって私たちは　一人ひとりそれぞれの持ち場がある
人は、生まれて成長してゆくに従い、そのことを知らされる
そして己の意志と共に　そのことはいよいよ堅固になり、そして社会においてもその持ち場は確かなものとなってゆく
いま一度、一人ひとりの持ち場とはいったい何なのか、考えてみようではないか
しばらく時間を差し上げます——ちょっとそのことに思いを至らせていてください

・・

（ヒヨドリ　盛んに鳴く）

♡

あなたが　いま存在しているということ
これはいったいどういうことでしょう?
今、天上界からの光があなたに向かってた〜くさん注がれていました
そしてこれからも、日々新しい光があなたに向かって届けられます
それは　とりもなおさず　神、キリスト、聖霊を通しての光——
私たちがこの世でどの様であれ
その光は、私たち一人ひとりに向かって届けられています
そのことをよぉ〜く自覚してください
そのことを感謝し、
そのことを喜びましょう

＊カリスマ(charisma)の原義は神の賜物、大衆を惹き付ける英雄的魅力を意味する。

・・・

（ヒーリングあり、次元の高いところへ向かっている）

大〜きな息をします
二、三度続けてください
用意が出来たら目を開けましょう

終ります

——神さま、ありがとうございました

（二〇一四年一〇月二七日）

6.　神のみ前に立つ／光と闇

——神さま、またここに　T君とYさんと私がメディテーションをしたい
と集まっております
どうか今日も、私たち一人ひとりにふさわしいメディテーションを
させてください

☆

メディテーション1（神のみ前に立つ）

大きく息を吸って　ゆっくり吐きます
それを二度程　続けてください

私たちの遠い先祖のはなし

私たちの先祖は　かつて地球になく、遠い遠い何億光年も昔　小さな星に住んでいた
私たちは、かつてそこで生まれ、そして死んでいったのだ
そして　やがて時を経て　ここにこうしている

地球は　この大宇宙の中の一つの星、その星に　ほんの一時の生を受け、しかもごく
　限られた人数の中に交わっている
だから　それはいつでも　あなたの思うところ、あなたの必要なところなのです
いま　大宇宙の彼方へ　思いを馳せましょう

神はいま　仰せられます
「人間たちよ、立て
立って　私の許へ来るがよい」

――私たちは神のみ前に立てるのでしょうか？

神はそれをよしとされます
神のみ前に立ち　神のみ顔を仰ぐ時　私たちの身も心も魂も　もっともっと奥深く
　その全存在が慰められ　癒され　愛に包まれるのです
さあ　喜んで　神のみ前に立ちましょう、恐れるのではなく、喜んで　喜んで！

神のみ前に立つことの喜び、神のみ前に立つことの難しさ
色々なことが私たちの心を過《よ》ぎってゆきます
けれども、いつも神は私たちを見守り、永遠の流れの中でその愛を注ぎつづけられ
私たちが人間としての生命を全うできるようにしてくださいます

・・・
・・・
・・・

さあ　それでは、ゆっくりと自分の体へと意識を持って来ましょう

そして　神に感謝をし、自分の存在に喜びを見出し
そして肉体へと戻ります

用意ができたら　目を開けてください

☆

――では、もう一つメディテーションをいたします
――神さま、もう一つさせてください
お願いします

メディテーション2（光と闇）

遠い昔の　ものがたり
二〇〇〇年ほど昔でしょうか、私たちはとある町にいます
その町は　ユダヤの町

ユダヤにはもうじき救世主が現われると大騒ぎしているのです
イスラエルのはずれ　小さな村に、その夜可愛らしい男の子が生まれた
その名はイエス

その子の誕生はすでに告知され、普《あまね》く人々に知らされていた
けれどもその小さな村には、誰も知り合いもなく、
このイエスは、父と母と　そして聖霊たちの見守る中で産声《うぶごえ》を上げた

そんなある日
この誕生を祝う賢者たちがやって来た
それぞれに　精一杯のこの世の宝――黄金、乳香、没薬、それ等は今でも大切に使われている、意味のあるもの――を携えて

このイエスの誕生により、イスラエルの国は大騒ぎである

知る人ぞ知る、この誕生の場所は　大きな大きな光によって満たされ、
静かに　穏やかに、しかしそこには一抹の不安もない――人間としての存在である
　証のみ

光と蔭《かげ》――
この人間界には絶えず　そのような存在がある
光と闇とでも言おうか

私たちは　いつも光の側にいたいと願う
光の中に入っていたいのだけれど、それが出来ないでいるときもある
光は闇を照らし　闇は光を劈《つんざ》く、そのような作用も時にはなされる

ことごとく　人間の世界は　光と闇との対決
そう、それは私たち一人ひとりの心の中に、そして　一人ひとりの人間関係の中に
そして　それは地球全体に――いや宇宙全体に――広がってゆく

だからこそ神は、このイエスの誕生を許されたのだ
人間は何故　光と闇とを持つのであろう？
闇の部分、それは神によしとされず、喜ばれず、神を冒瀆《ぼうとく》し、自分自身を落としめさす
ああ　何ということであろう！
私たちは、いまイエスの誕生を得て
そのことをよーく考えてみようではないか
イエスの存在は、一体何を意味しているのか？

——神よ、私たちがこの世に　このような関係を受け　このように存在していること、私たちはどのように考えていったらよいのでしょう？

何の意味があるのでしょう？

あなたは　私たちに何を望まれていらっしゃるのですか？

何億光年も続いた一つの生命

これらのことを心に持って　用意ができたら目を開けます

――神さま、今日のメディテーションをありがとうございました
私たちが目覚めて意識をしていなければならないこと、そのようなことを知ります
神さま、このことが私たちにとって。毎日生活する上で私たちの糧となることを得させてください
このひとときを感謝して、今日のメディテーションを終ります
ありがとうございました

（二〇〇三年一一月一三日）

五・星と私

1.　星として生まれた私

（N、Y、Mの三人で）

メディテーション

星のまたたく夜
あなたは今、何の星を見ていますか？
星の数を数えてみましょう

そう、あなたの目に入る星の数は　今少し、数えられるのかの如く見えますけれど、
その他に　瞬《またた》いている星がたくさんたくさんあるのですよ
あなたの知らない所であなたの頭上高く…
また、本当は　あなたの周りでもぴかぴかと日夜輝いている星があるのですよ

あなたは一体どこから来たのでしょう？

そして、どこへ行くのでしょう？
知っていますか？――

それなら
教えてあげましょう
あなたはいま人として地球上に存在していることの意味を
それによって　もっと深く　理解するに至ります

昔むかし何千年も昔
あなたは　一つの小さな小さな星として生まれた
そしてその星から　次の星へ　そしてまた次の星へと　あなたは向った

そう、そこには　何億光年という　光の長い帯が流れている
それに乗ってあなたは　地球上へと向かったのです
何のために何故そのようなことになったのでしょう？

そう、それは　言うまでもなく　あなたの選び

そして神からの慈しみ――
その二つが相まって　あなたはその光の帯に乗って　やって来たのです
だから、そこに必然的に神のご意志が共に在ることを　それは　あなたは知っている
はずです

神のご意思は、いつ いかなる時でも　あなたを包んでいます
そしてまた　あなた自身の思いが存在しているのです
それをどのように受け取るかは
あなた自身が決めること

あるときは人間として、丸ごと人間として存在し
あるときは神のご慈悲に縋《すが》らんと　神の存在を意識する
そういうことの　繰り返し・・・

あなたはいま人の世の中にあって　何をしたいと願っていますか？
申し上げてみるがよい
そう、あなたの願いは神によってきかれ、きっと　それはいつの日にか成就する
神は　約束を　反故《ほご》になさることはない

さぁ、
あなたはいま勢いよく立ち上がり
神に向かって讃美の声をあげようではないか

やがて来たるべき　神の国の到来
そのとき　あなたはしっかりとあなた自身　神とつながり
人の世の中にあって　そのことを認識する
ハレルヤ　ハレルヤ　ハレルヤ――神、共にありて　ハレルヤ！

あなたの肉体は　いま燃え上がり
人間としての役割を終え
綺麗な　綺麗な　エネルギーと化して　神の許へと向う

褒むべきかな　ホサナ　ホサナ　ホサナ
神に感謝！
いつでも、このことを忘れずに　いましょう
神に感謝！

それではゆっくりと　今一度、人間の肉体へと意識を戻します
用意ができたら　目を開けてください

（二〇〇三年一二月九日）

2.　地球に来た私

☆

メディテーション1

お臍《へそ》の後、腰を意識してください
そこにしっかりと意識を置くと同時にシャンと　そこを立ててください
呼吸を整えます
ゆっくり　口から吐きましょう
鼻から吸います
それを　しばらく続けてください

普通の息に戻します
自分の身体の中心がどこにあるのか　見てみてください
また　大きく息をします

今度は、頭のてっぺんから出すつもりで吐いてください
口はつぶったままで結構です
繰り返します

――今日という日が　いまこの瞬間にも　私達と共にあるということを感謝します
この日が迎えられているということを不思議にすら思います
よくここまで来たと思います
神さま、あなたは　私たちがどんな状況にあっても、そこにふさわしい恵みを置いておいてくださるのでしょう
私たちは　よーく目を開け、それを見とうございます
それを感じたいとも願います
「祈りなさい」とよく言われます
「苦しいときの神だのみ」という言葉のように、私たちはつい私たちの思いを 願いを申し上げてしまいますけれど、神さまは「それで

よい　それでよい」と仰ってくださっています
ありがとうございます

・・・

いま、たくさんのヒーリングがきています
どうぞ　それを味わっていてください

・・・

大きく　息をします

ゆっくり吸って　ゆっくり吐きます
一度大きく吸って　吐きます

用意が出来たら　目を開けましょう

＊

では、もう一つ　いたしましょう

☆

メディテーション2

遥か昔、あなたが未だ未だ、この世に存在しようとさえ思わなかった頃
既に地球上には多くの生物が動いていた
そして、太陽の光　月の光　星々の輝き——

そういうものが、静かに静かに存在していた
あなたは　ある時、ふとその地球にやって来ようと思った
けれど　そこには、多くの手段があり、あなたはそのどれを採ろうか迷った

そう、それはほんの一瞬
あなたは決断した
人間として地球上に行くということ、
つまり　それは、人間として地球とどう関わってゆくか　ということに他ならない
あなたは、ある決心のもとに　この地球にやって来た
それを想い出してごらん

・・・
・・・
・・・

そして　いまここにこうしている――
かつて分っていたあなたの任務、あなたの決心、
それ等はいま、どうなっているであろうか？

・・・・・・・・・

――神さま、私たちの歩みは、時として迷い、横道に反《そ》れ、見失い、色々な障害と思うものを乗り越えられず、挫《くじ》け、回避し、或いは自ら走り去り等々、色んなそういうことをしてきたと思います
けれど神さま、あなたは　いつも待っていてくださいます――「この世の時計は、時間がかかるねえ」＊と仰りながら・・・
神さま、けれど私たち人間は、地球上での時間が限られています
どうか、一日も早く本来のミッションに就くべく、或いはもっと正確

に 確実に 歩めるようになりたいと願っております
どうか今日、Tちゃんも、Kさんも、私も、その大切な第一歩を、勇気をもって踏み出せるようにしてください

大きく 息をします
ゆっくり吐いて 呼吸を整え、
用意が出来たら目を開けましょう

終ります

（二〇一〇年六月二九日）

* 中山南『愛の鐘の音響くとき』（リトン、二〇〇三年）、一八九頁参照。

3. 新月

――神さま、今日、新月です
Yさんと二人でこうしております
たくさんの思いを篭めて、私たちは今日、私たちの出来得る限りの祈りをいたします、どうかそれをお受けください
そして、私たちの人智を遥かに超えたところで計らってくださる神さま、それが世界の平和へとつながげられますようにと願います
――神さま、Yさんも私もKさんも、祈るということを知らされ、その大切さを知らされ、祈りなさいと励まされ、そして養われていることを感謝します
それぞれの持ち場で、あなたの栄光をあらわす者として用いられたいとも願います
――どうか今後の人生、そのようでありますように、そして多くの人々があなたのみ心を理解し、平和への道の行進をともに出来ますように

神の国の平和、神のみ心が流通しているその空間、この地にもどうか
成《な》させてください
と願います

メディテーション

神の国に入らんとする者よ、ここに集まれ！
神の国、ここにあり！

神、キリスト、聖霊が共にいまし給うこの地において
あなた方はよく心を合わせ、祈るがよい
祈りの場所を聖とし
これから先も充分にその身を養い
あなた方の心の内に神のみ声を響かせるがよい

一九九一年一一月のある日、あなた方姉妹は、雪の道をテクテクと歩き、
ある所へ向かおうとしていた
それはどこか？
あなた方姉妹は、いつにも増してその重荷を負い、
神に向かって　あらん限りの声をあげ、叫んでいた
あなた方は覚えているであろうか？

二〇〇六年のこの一一月、
Ｙさんの長い人生の中で　ひとつの区切りがやってくる
その区切りとは、前にも増して　光り輝くその世界を実感すること

Ｙさん、
急ぐのではなく、
あせるでなく、
堅実に、よーく　あなたの足許をしっかりと踏み固めながら歩くのですよ

そうすることによって、あなたがあなたらしく立ち、
あなたの向かわんとしている神の国への近道が得られます

——「近道」ってあるんだ
遠回りもあるものね

Mさん、
あなたも亦、あなたらしく歩めばよい

——私らしくって・・・？

あなたの感性は鋭く、激しく揺れることがあろうが

——「ワン！」（メイの声）

その中心に何を置くか、あなたは知っている
そう、
その時を待つ、
その時を楽しみに、
そして、いつまでも光輝くあなたで居続けること

――私、今光輝いているの？
それともこれから・・・？

いいですかMさん？

――はい、わかりました、心します
「光輝くって表面的なことでない・・・」（心の中でつぶやいた言葉）

そして、Yさんとの歩みも大切にしましょう

——神さま、Yさんが六〇歳を迎えます
どうかYさんがこの世において必要充分な体力を維持出来ますように
　してください
Kさんに、私にもお願いいたします
——私はこれからの日々を、時間を、有効に使ってゆくことが出来るよう
　にと願っています
激しく揺れる時、あなたのみ声が聞こえますように
あなたのみ心が理解出来ますように
私の心に、魂に、光をたくさんお送りください
そして、実行できますように

（二〇〇六年一一月二一日）

4. 小さな芽生え

☆

――神さま、今日もT君と共に、このメディテーションの時を与えられました ことを感謝いたします
世界の中では人々が右往左往しているこの時代、しかしその中でも、あなたに向かってしっかり歩んでいる人がた～くさんおられることでしょう
また、動植物の保護や、地球全体のことを考えて、日夜働いていらっしゃる方々のことも思います
どうか、その方々に勇気と希望をお届けください
また、病で苦しんでいらっしゃるたくさんの方々にも、一人ひとりにふさわしいヒーリングが届けられますようにとも祈ります
今日、この日を感謝します

メディテーション1

大きく息をします
ゆっくり吐いてください

神の国に入らんとする者は「我に続け（follow me）」とキリストが仰いました
キリストに倣《なら》う――キリストのあとを、一所懸命に追うこと
この世にある人間は、キリストにあって本当の人間としての愛を知る

背筋を伸ばし、頭がその上に載ります
静かな呼吸を続けます

……
……

自分の心臓の鼓動が、トクトクトクトクと力強く脈打っているのが感じられます
この鼓動がゆっくりと力強く続くとき、それは遠い宇宙の鼓動と響きあいます
何億光年も先にある宇宙の鼓動、そこでは、また新しい星が生まれ、そして消えてゆくのもあります

……

……

……

大きく、息をします

……

もう一度、大～きく、息をいたしましょうそして、好きなだけ ゆっくりとしていてください

（二一分）

用意が出来たら目を開けます

☆

――神さま、もう一つ、メディテーションをさせてください

メディテーション2

昔々、あるところに　力の強い男がいた
その男は、持って生まれた己《おのれ》の力を過信し、
随分と無理難題を他人に持ちかけ、そして戦い、巨万の富を築き上げた
その男もやがて歳をとり、
あるとき、一羽の小さな小鳥にふと目を留めるようになった

今までにない衝撃を受けながら、なぜか彼は、じーっとその小鳥を見続けた
小さな、小さな、細ーい足で跳ぶその姿の愛らしさ！
よ〜く見ると、その目のなかに映る外界の景色——吃驚《びっくり》して、彼はじ〜っと見続けた
小鳥の方も、彼を恐れる風もなく、チョンチョン、チョンチョン、地面を跳び回っているではないか
「何をしているのだろう？」
もしその男がその気になれば、その小さな生きものは、彼の足の下で息絶えることがあったかもしれない
両手の中で、ぺっちゃんこになっていたかもしれない
しかし男は、ただひたすら、じーっと、じーっとそこに佇むばかり——
半時《はんとき》も過ぎた頃だろうか、
その小鳥は、俄《にわ》かに羽をパタパタさせ、どこへともなく飛び去った

男の心のなかには、その映像がくっきりと焼き付けられ
なぜか、それまでに味わったことのないおかしな感覚が、モゾモゾ、モゾモソ湧きあがってきた
このことは、その後の彼の人生に、大～きな影響を与えることになった
その財力にものを言わせ、同じような小鳥を探すことも出来たかもしれない
また、そのような小鳥をたーくさん集めて飼うことも出来たかもしれない
しかし彼は、それまで得てきたすべてを投げ打って、野山を小鳥のために開放するべく駆け回った
幾つもの山を、小鳥のために巣をかけ、種をまき、そして時には何日もかけて見回り
小鳥たちが喜んで卵を産み、雛を育て、飛び立ってゆく様子を楽しんだ
どうしてこんなに、一羽の小鳥が、力持ちのこの男の人生を変え得ると、誰が想像し

ただろうか？

後にこの男は、自分の土地をすべて見回り終え、小鳥ばかりでなく、共に生きとし生きてきたものたちに彼の愛の目差しを十分に注ぎ、そして息絶えた

♡

私たち一人ひとりの存在が、どんなに小さく微力に思えても、
この小鳥のなした役目と同様に
知らないところで大きな変化を呼び起こすことも可能であることを、神さまは伝えようとしていらっしゃる

あなたの内に宿るその小さな小さな芽生えを
いまそーっと、大事に見つめ直してごらん

ほら、聞こえてくるでしょう？

その芽生えが歌っている
その芽生えが 明かるい光を放っている
いま、小さきものに目を留めるとき
私たち人類の歴史は変わる

（二〇〇七年一一月二六日）

六・メディテーションの世界へ

1. イグアナ＊

メディテーション

ゆったりとした呼吸を続けていてください

カニの横這《ば》い――
カニは何故横向きに歩くのだろう？
進化の途中で　きっとその方がよかったのに違いない
どんな長所（メリット、merit）があるのかしら？
君は　カニに訊いたことがあるかい？

心の中で訊いてみてください
：
：

・・

カニは何て答えたかしら？
そして君は何て思った？

じゃあ今度はイグアナ
イグアナって知ってるかい？
ガラパゴス諸島にいっぱいいいるんだよ
夜の寒さから循環が悪くなり
朝日を浴びてから活動が始まる

た〜くさんのイグアナたちが陽を待っている
そして　パアーーッと光が当たってくるとそれを喜んで受取っている
自分の細胞一つひとつにゆき亘るようにその光を　大事に大事に受け取っている

＊子供に出来るメディテーション。

私たちも同じ――
神さまからの光を喜んで受取っている
イヤー……それに気づかないときもあるだろう
ハネッ返したくなる時も　あるかも知れない

イグアナたちは、どのくらい経っただろう？　自分たちはもう動けると分かるんだね、
　モゾモゾノシノシ動き始めたよ
ほら　見てごらん、ドブーンと海の中へ飛び込んじゃった、そんなのもいる
ご飯を食べに行くのかな？

あっちにも　こっちにもいたイグアナたち
ドブンドブン、ゴソゴソ、ガサガサ、ノシノシ、ドブーン、ボチャーーン――
そして大好きな海の中、悠々と泳いでいるよ
あっちの岩やこっちの岩かげにある海藻を食べているのもいるし
足で何かを引っ掻いているのもいる

上手だねえ　どうしてあんなに上手に泳げるの？
そしてまた、ヨッコラショ と陸に上がっている――そのくり返し
また　お陽さまに当たっているんだろうね

終ります
お好きなときに　用意をして目を開けてください

――神さま、ありがとうございました
これで、二〇一四年を　あなたの光の中に在るということを意識しながら送り　そして二〇一五年の新しい光を受けとうございます
感謝！

（二〇一四年一二月二九日）

2. 月光　闇を照らす

──神さま、Ｙさんと二人　こうしています
今日か明日が満月です
Ｋさんは名古屋往復をし　今ピアノをポトポト弾いています
月の光がこの部屋に射し込み　静かな静かな一時《ひととき》です
神さま　あなたが私たちに日々　ふさわしい糧を与えてくださってい
　ることを知っています
それを　充分に私たちが咀嚼《そしやく》していないことも知っています
けれど　一粒々々を十分に噛みしめ　味わいたいと願っている者です
神さま　あなたの愛の光の中で　この一時《ひととき》を充分に心安らかにさせて
　いてください

──神さま　Ｙさんと二人、久しぶりにメディテーションをしたいと願っ
　ています

今宵にふさわしいメディテーションをさせてください

メディテーション

月の光が、煌々と闇夜を照らす
この世の闇
心の闇
地上の闇
地下の闇

……

人びとはいま　何に向っているのだろう?
光の導くその方向に行こうとする者——
いや、それと反対の方向に行こうとする者

つまり　闇に向う者もあれば・・・
・・・・・
この世に闇のスポットを　その者達は　作ろうとしている
あなた方は
いま、多くの天使に迎えられ・・・多くの天使に取り囲まれ・・・
・・・・・
あなたに　ひとつの質問をしようとしています
それは　神からの質問――
「あなたはいま、何が一番欲しいか？　必要か？　望むか？　言ってごらん」
・・・・・
・・・・・
あなたの思いを　神に申し上げたのだから

神はそれをよく聴いてくださる
あなたの努力も必要ではある
しかし、神からの光を請い願うがよい

（二〇〇五年一月二四日）

3.　しかしあなた方二人は

メディテーション

Ｙさん、Ｍさん
北風がビュービュー吹いている

窓の外を見てごらん
枯葉が舞い　ホコリが舞い
そして風の音も聞こえる

しかし、あなた方二人は
いまここに、こうして暖炉の前に坐り
パチパチと燃え上がる炎を、うっすらと目を開けながら
静かに　静かに坐っている

しばらく時間を差し上げます ―― 一五分くらい

・・・・・・

深く息をして、用意ができたら目を開けます

――神さま、Yさんは身体から湯気が出ていると言います

胸がふわふわだそうです

私は、左の後頭部がじゅわじゅわとし、脳細胞が活性化されたような気がします

それぞれに、たくさんのヒーリングをして頂きました

ありがとうございます

（二〇〇九年三月一〇日）

4. 聖霊の風*

メディテーション

さぁ　いま、神の許へ飛び立とうではないか！
聖霊の風に乗って、どこまでもどこまでも飛んでゆくことが出来る

・・・・

では　そろそろ
聖霊の風を呼んで　来て頂きましょう

聖霊の風よ、
どうか来てください
そして私たちが、人間として
あるべきところに 落ち着きますように

——長い沈黙の後、深呼吸して終わる

（二〇〇三年六月三〇日）

＊自分で出来るメディテーション。

5. 静かな昼下がり

メディテーション

静かな昼下がり…
遠くで蝉の声

いまここに二人　神のみ前に立とうとして
心を整え
身体を真直ぐに伸ばし
足は地にしっかりとつけ
深～い息をする
ゆっくりと　ゆっくりと

♪♪（讃美歌 三一二、聖歌集 四八二）
慈《いつく》しみ深き　友なるイエスは
われらの弱きを 知りて憐れむ
悩み　悲しみに　沈めるときも
祈りに応えて　慰め給わん
♪♪

終ります

――神さま、ありがとうございました

（二〇一四八月三一日）

6. ダンス！

――今日は、陽射しも柔らかくなり穏やかな天気です
このような一時《ひととき》を与えられ、二人でこうして坐っていられることを感謝します

メディテーション

胃の方から胸の方へ いっぱい 空気を入れます
両肩を少し柔らかく開いて ストンと降ろしたところで止めます
頭も ゆっくりと柔らか～く 載っているでしょうか？

ダンス！　それは　誰にでも出来ること――
天と地とを繋ぐ　その中間において存在する者たちよ

宇宙の鼓動と共に 身体をゆすり、心を和《なご》ませ　そして 天の大栄光のうちに　その音を
聞く

ダンス！　それは　あなたにも出来る、私にも出来る——
大宇宙の彼方に　思いを馳せ、身体を ゆっくりと それに呼応させるのです
それこそがダンス！

あなたの背骨は 真直ぐに 宇宙と繋がります
顔を 少し 宇宙を見上げてみましょう
ず～っと 高い所まで昇ってゆきます

・・・

必要なら、大きな息をして　保ちます

・・・

大きな息をして・・・

・・・

大きく息をして——二、三度して、
用意が出来たら目を開けます

（二〇一四年九月一六日）

7.　神に愛されている存在

メディテーション

胃袋に空気を入れるように、いっぱい　息をしてください

…　…　…　…

背中と肩を少しあげて、ストン！
二度ほど繰り返してください
それと、あと前後へ、ギッチョ　ギッチョ　動かしてみましょう
もう一度、肩をあげて、ストン！
大ーきく、息をします

あなたが、神に愛されているということを知っていますか？
そうです、あなたは神によって最も美しい存在――自分でそんなことを思ったことがありますか？

Nさん、Sさん、そして南さん
あなた方三人はそこに集い、いま心をきれ～ぃにして　天を仰いでいる

私たちは、喜んでいます
あなた方の魂は、いま高く　高く持ち上げられ、神のみ前にて神を讃美しようとしています――分かりますか？

――神さま、ありがとうございます
私たちが、いまここにこうしておりますのは、神さまからの大きな恵み――毎日、刻々と送られてくるあなたからの愛を、時には撥《は》ね付け、忘れ、もしかしたら踏みにじっているかも知れません

けれど、いま神さま、私たちはこのようにあなたのみ前にて感謝しております

このような時をお与えくださいましたことを嬉しく思います

——人間界では、往々にして人間同士の感情や利益や思惑やと、色んなものが交錯しておりますが、そして私たち人間は弱い存在、そういうものに振り回されております

——けれど今日、いまこの時間、神さま、あなたは私たちをあなたの許へ呼び寄せ、このように「愛しているよ」と仰ってくださっています

あなたからの愛の他に、愛というものはあるでしょうか？

大きく息をします

神さまが、神さま自らが、私たちに「あなたを愛している」と仰ってくださっています

……

……

……

ヒーリングが入っていますので、今しばらく静かにしていていてください

…………

（外で犬の声）

お好きなだけ、静かになさっていてください

用意が出来たら、それぞれ目を開けましょう

――（祈り）

神さま、今日のメディテーションをありがとうございました
それぞれの持場に帰り、あなたからの恵みを受けていることをよ～く自覚し、光で護られていることを知り得ますように、お導きください

（二〇一三年九月二六日）

8. 歌は祈り

――神さま、今ここに五人集まっております――ＫＳ君、Ｍ子さん、Ｓさん、Ｋさん、私、そしていつものようにメイちゃんが足元にいます
外では秋の虫の音が響き、先日は　きれいな　きれいな　お月さまが見えました
この静かな夕べ、私たちは　神、キリスト、聖霊によって一人ひとりにふさわしいメディテーションをさせて頂きたいと願ってここに座っております

メディテーション

腰をす～っと伸ばし　背中を伸ばし　首も伸ばして　頭がその上にそーっと載ります
静か～に　少し大き目の息をしましょう　何度か続けていてください

・・・

風の音が聞こえる　よ～く耳を澄ませてごらん
どんな風が吹いているかしら？

・・・

その風は　今、あなたに向かって吹いてくる
あなたの立っているところ、その脇を流れてゆく
頭の上も　足のすその方も・・・
その風は　どこから来たのかしら？
そう、遠～い遠～い海の向こうからやってきた風

両手を広げてみましょう
実際には そのままで結構です
イメージの中で両手をうーんと広げ、その風を一杯受けとめてください
どんな気持ちですか？
その気持を覚えていてくださいね

あなたの側を通り過ぎた風は
あなたの後ろの方へと流れてゆきます
どんどん どんどん流れてゆきます
遠ーい遠ーい林の向こう、その先の草原、そしてまたその先の山々
あなたの受けたその風は後ろへ後ろへと流れてゆきます

今あなたは、そこで何故か歌をうたいたくなりました
何の歌をうたいましょうか？
心の中で思いっ切り大きな声で、ご自分のその湧き上がってきた歌をうたってみて

くださ い
少し時間を差し上げます——どうぞ！

……
……
……

あなたが歌ったうた　それもまた風にのって、
向こーうの林、草原山々、そしてさらに向こーうの方へと流れてゆきます

歌は祈り*、
——ご存知でしょう？
そうです、今あなたのうたった歌は　祈りなのです

*中山南『愛の鐘の音　響くとき』（リトン、二〇一三年）、八八頁を参照。

その祈りは、もしかしたら　あなたの思っているよりももっともっと遠ーいところ
　まで流れてゆくでしょう、届いてゆくでしょう
そしてさらに地球全体を回って、地球の裏側――
そしてまた、海風とともに　あなたのところへ戻ってきます

あなたのうたった歌、あなたの祈った祈り
それは　地球全体を巡って、たーくさんの人びとを慰め、希望と力を奮い立たせ
そして生きる喜びを与えるものです

さあ、もう一度うたってみましょう

・・・

あなたの知らないところで、あなたのことを祈っている人がいる*
あなたも亦、その人の知らないところで、その人のことを祈っている

大〜きく息をしましょう――二、三度続けてください
もしかしたら　心臓の鼓動が少し速く力強くなっているかもしれませんね
・・・・・・・・・
・・・・・・・・・

――祈ります
神さま、今宵のメディテーションをありがとうございました
今、未だ未だ たくさんのヒーリングのエネルギーが 私たち一人ひ

＊ 前掲『愛の鐘の音　響くとき』（リトン、二〇一三年）、一一六頁を参照。

とりを包んでいますけれど、そろそろ終わりにしようと思います
――この一時《ひととき》に感謝し　この恵みを充分にこれからも身に受け、感謝し、
大事にしとうございます
どうぞこれからの一人ひとりの歩みに　あなたがふさわしい光を届
けていてくださることをお願いいたします

ご自分がよいと思うとき、大きく息をして　静か〜に 目を開けます

（二〇一五年一〇月四日午後九：二〇〜）

9. 旗

☆

——神さま、今日の日を感謝いたします
今日、私たちは、ここにこうしております
メディテーションをしたいからです
いつものT君、そしてS司祭、Kさん、私、そして足元にはメイちゃんがおります
どうぞ今日にふさわしいメディテーションをさせてください

メディテーション1

少し大きめの息をします——二、三度してください
自分の呼吸に集中します
最後に、大〜きく　息をしてください

鼻から吸って、口からフーッと吐いてください

あなたはいま、緑の原っぱに立っています
向うの方に、森が続いています
空は真っ青
ところどころに　白い雲が流れてゆきます

森の近くで、誰かが旗を振っています
どんな旗でしょう？——見えますか？
あなたも、両手を高く挙げて　それに応えます
お互い、だ〜いぶ遠いところにいるのに、何となく温か〜い交流がそこにあります

さあ、あなたはどうしますか？
近寄ってみましょうか？
それとも、ただここで停まっていましょうか？

どうしたいですか？

そう、あなたは近寄ってみたくなったでしょう？
行ってみましょう！
ゆっくりで構いません
その人の方へ、歩み始めます

すると、その旗を振っていた人は旗を振るのをやめ
ちょっと　こちらの様子を観ているようです
ゆっくり　ゆっくりと、その距離は縮まってゆきます
その距離が 縮まれば 縮まるほど、あなたの心はなんだかとても嬉しくなってきます

ワクワクします
そして、もうゆっくりなど 歩いていられません――小走りになり　そして走り出します

そして何故か、顔も見るか見ないのに、あなたはその人にガッとしがみつくのです

ふう〜っ！

しがみついてからあなたは息をし、そしてそおーっと離れます

いったい、その人は誰だったのでしょう？…

そうです、その人は、もうそこにはいません

あなたは、キョロキョロします

「確かに　ここで、旗を振ってた人がいた…」

——頭では、そんなことを考えています

そして、「しがみついた時に、確かに この胸に、手に、腕に、感じたものがあった

…」

まるで　狐につままれたように、あなたは暫しポカ〜ンと立っています

「それにしても、どうしてあんなにワクワクしたんだろう？」

「どうして、いきなりしがみついたんだろう？」——自分でもよく分かりません

あなたは、ふ～っと、そこにしゃがみ込みます
森の方から吹いてくる風があなたを包み、まるであなたを風船にしたように　ふわ
——っと持ち上げます
なんて良い気持でしょう！
しゃがんだまま、ふわ——っと　浮き上るのです

ゆっくり、呼吸を続けています
少しずつ　少しずつあなたの体は持ち上げられ、
木の高さくらいまできました
あなたには、さっきまで立っていた原っぱがどのように目に映るでしょうか？

もう少し　上へ昇ります
あなたの腕は　スーッと伸ばされ、両方とも伸びやかです
脚もまた、スーッとスーッと、軽やかに伸びています
身体全体が、ほんわりと柔らかです

小鳥の声が聞こえます
またもう少し上へ、持ち上げられています
軽やかな軽やかなあなたの身体
そしてまたあなたの心も、ともに軽〜くなってゆきます

頭からの放出（リリース、release）が始まりました
呼吸を少し大きめに続けてみてください
仰向けになったあなたは、腕も脚も身体も　ふんわりとした雲の上に乗っかったような、
或いはシャボン玉の中にいるような、そんな気分です

そして、天高ぁ〜いところから
あなたに向かって光が射してきました
どんな光でしょう?
その光は、今あなたをすっぽりと包んでいます

しばらく時間を差し上げます
ゆっくりとそこで過してください

大きく息をしましょう
もう少し続けていたければ、どうぞ

終わってもよい方は、大きく息をして目を開けます

☆

メディテーション2

腰からスーッと伸びた線上に
頭が軽ーく載っています
頭のてっぺんが、少し何かに引っ張られているような感じ

上半身が、少しゴムみたいにヒューと伸びるような感じ
そして足の裏は、しっかりと大地につけられています
その感覚を、少しの間　味わってみてください

腹式呼吸――お腹を膨らませ　そこに空気を一杯溜め
そして徐々に凹ましてゆきます
ゆっくり行ってください

・

・

首を倒します——

ゆっくり、ゆっくり——首の重みで、これ以上前に倒れないほど　ゆっくり　ゆっくり、倒します——倒すというより、首の重みで曲がってゆくという感じです

背骨を意識しながら、首を元に戻します

今度は、後へ倒してみましょう——口が開いても構いません

後に倒れた状態で、大～きく息をします

今度も、背骨を意識しながら、首を元に戻します

今度は、お好きな方向、右か左へ、ゆっくり倒してください

そして、そこでもまた、大～きく息をします

戻しましょう

戻ったところで、大～きく息をします

落ち着いたら、今度は別の方向へ倒します

大きく息をします

ぐる～っと回してください
もう一度――同じ方向です
今度は逆方向――二度回します

背骨をスーッと立て、
頭をちょんと置きます
整ったら、そこでまた大きく息をして、それから普通の息に戻します

用意ができたら、目を開けます

終ります

（二〇一三年一〇月二八日）

10. 人びとのために

メディテーション

私たちの親しい人のことを思います
心のなかで、その方々を順々に思い起こしてください

そして、祈りましょう

——その方々に、いま、私たちと同じように、心の平安が与えられ、天からの恵みを受け取り、喜び、そしてそれが心にも身体にも　良き訪れとなりますように

しばらく時間を差し上げます
どうぞ、お一人おひとりの名前を　心のなかで挙げていってください

・・・・・

（七—八分）

では、その方たちの幸せを願い、
また、もっと多くの方々のことも祈りましょう

——神さま、世の中には心にも身体にも痛みを負っている方々がたくさんおられます
どうぞ、これらの人びとを、あなたの光のなかに置いて癒してください
戦争というむごたらしいことを人間はしています
武力で人びとを殺して、決してよいとは思いません

どうかこの世の、地球上で、人間と人間とのいがみ合いが緩和されてゆきますように
また、地球上に、共に存在する植物も動物も、それぞれの分野で役割を果たしているものです
どうぞ、それらが、これ以上破壊されるのではなく、種の保存と保護のために、それに携わっている人びとをもお護りください
この地球の温暖化によって、失われてゆく多くのものを顧みてください
私たち人間がなすべきことを、もっと速やかに出来ますようにと願います

頭のてっぺんから、ここしばらく凝り固まっていたエネルギーがリリース（release、放出）されます
頭のてっぺんから上へ向かって、スースー抜けてゆくものを感じてください

大きく、息をしてみましょう・・・

吐くときに、頭のてっぺんへ向って吐き出します――息の一つひとつが、身体の調整につながります

身体を真直ぐに、吐くときは頭のてっぺんを意識して、そこから痛みや懲《こ》りなどを除いて頂きます――リリースです・・・

時には、大きな息をしても結構です

大きく、息をしましょう

・・・

大きく息をして、ゆっくりと自分の身体を感じます

まだリリースが続いているようなら、好きなだけそのようにしていてください

そして、自分の準備が出来たと思うところで、目を開けるようにいたしましょう

——神さま、たくさんのヒーリングをありがとうございました

私は、リリースだけでなく、エネルギーを充足して頂いたのでしょうか、身体中が熱くて、身体中じわーっと汗が出てきました

T君はどうだったでしょう？

（二〇〇七年一〇月二九日）

11. 何億光年も向こうから

――神さま、Yさんと二人、ここにこうしております
この世の問題は山積しておりますけれど、いまこのひととき、神さま
からのふさわしいメディテーションを頂きとうございます
私たちの地球上での時間が、あとどのくらい許されているのか分りま
せん
けれど神さま、その全行程において、私たちは神により頼んで歩んで
参ります
どうぞ、どうぞ、お導きください

メディテーション

大きく息をして、ゆっくり吐きましょう
両手を机の上にのせた方が楽であれば、どうぞそうしてください

息を整えます
ゆっくり吸って、口から吐きます
二、三度続けてください
……
普通の息に戻します
……
自分の心臓の鼓動が聞こえますか?
……
遠い 遠い 何億光年も向こうからやってくるものがある
それは、あなたに向かって、真直ぐにやってくる

あなたは　たった一人、そのことを理解しようと　いまここに座っている
あなたの心臓の鼓動は、その周波数と共にあろうと努めている

・・・
・・・

ゆっくり　大きく息をしましょう
二、三度続けてください

お好きなだけ時間をとって、用意ができたら目を開けましょう

（二〇一一年一一月一日）

12. 荷物を降ろす

——神さま、今ここにKさんと二人、あなたのみ前に立ちたいと願って
　坐っております
今日の日を感謝し、今日の日に相応しいメディテーションをさせて頂
　きたいと願います

メディテーション

姿勢を整えましょう

神のみ前に立つという、それは一体どういうことなのか
あなたは　いまそのことをよ～く心し
神のみ前に立つ、その覚悟をしてください

大きな息が必要ならば どうぞ!
また、この世の荷物をた~くさん降ろさねばならないなら、それもどうぞ!
神は それを待っておられます

・・

一つひとつ、ゆっくりで構いませんが、降ろしましょう
あるいは　ドサッ~といっぺんに放り出すことも可能でしょう
あれも これも この世に みんな置いてゆき、神のみ前に立つ

・・・・

(メイちゃん軽く吠える—ヘルパーさん到着)

・

自分でよいと思うときに、大きく息をして、
用意が出来たら目を開けます

神に感謝！

（二〇一四年一一月六日）

13. 丹田《たんでん》から真直ぐに＊

――穏やかな陽射しと光の温かさ――干し柿が何とものんびりした風情をかもし出しています

――神さま、今日もここにこうして坐れる幸いを感謝いたします

私たち人間の肉体は、老化というのをたどるのは仕方ありませんけれど、心はいつも新鮮でいたいと思います

頭も柔軟でいたいと願っています

今日にふさわしいメディテーションをさせてください

メディテーション

今日は　お腹の丹田の方からず～っと意識を上げて

胃の方も、そして　鳩尾《みぞおち》、胸――

その線を真直ぐにしてみましょう

そして　大きな息をしてみます

もう一度、
下からス——ッと真直ぐにし
今度は　喉の方にも　その線を延ばしましょう
さらに　鼻、そして頭の天辺《てっぺん》へと向かいます

体の全面がス——ッと延びている状態・・・・
気持ちよいですか?
イメージだけでなく、実際、ス——ッと伸びていますか?
そしていま、一人ひとりにたくさんの光が注がれていることを知ってください

どの様に受け取るか

＊丹田はお臍の少し下の部分（九五頁のチャクラの説明を参照）。

それはあなたの自由
今しばらく 時間を差し上げます
どうぞ その光を あなたらしく受け取っていてください
・・・・

――(南、心の中で祈りになる――
ご近所の方々、一軒々々、隣の方たちにも
K、Y、M、Yu、D、P、J、南自身へのヒーリングのお礼、
ヒーリングによって、心と体を整えられること、自分でもそのように
心を清浄化したいこと、そこへの応援依頼、など)

大きく息をして、よい時に終わらせてください
終るときには 感謝の祈りをします
それぞれ、用意が出来たら目を開けます

(二〇一四年一一月一〇日)

14.
祈りは回帰する

――神さま、Nさん、Yさん、Kさん、私、そしてメイちゃんがここにおります

メディテーション

腰をスーッと立てましょう
大～きな息をして　二、三度続けてください
海の向こうから音が聞こえる
何だろう?
潮風に乗って何かが聞こえてくる
それはね、あなたがいつか発したあなたの　い・の・り

覚えているかい？
ほら、祈っただろう？
自分のこと　親戚のこと　友達のこと　そして この地球上のありとあらゆる生命の
　こと
覚えているかい？　Nさん、Yさん、南さん、Kさん、
あなた方一人ひとりが　それぞれの場所で祈ったこと

そう、それは今　地球をぐるっと回り、またあなたの元へと還ってきた
その道中において、その祈りを必要とする人々が　どれ程たくさんいたことだろう
その人びとが、その祈りが通過するとき　それぞれに　それぞれの場で　その祈りを
　キャッチした
だからね、Nさん、Yさん、Kさん、南さん
祈りなさい　祈るがよい
あなたの何気ない祈りが　そうやって　多ーくの人びとを慰め 癒しているのだよ

そして　分かるだろう？
あなた自身のところへ還ってくる祈り*
そこにはね、多～くの新しいエネルギーが載っている
それは　感謝であり　喜びである
あなたの元へと還ってくるということは、その祈りがそういうもので溢れているから
だよ
祈りなさい　もっともっと祈りなさい

終ります

お好きなだけ静かにしていて、
用意が出来たら　大きな息をして目を開けましょう

＊前掲『愛の鐘の音　響くとき』（リトン、二〇一三年）、一一六頁を参照。

お好きな時にで結構です

——神さま、　ありがとうございました

（二〇一五年一一月二五日）

15. 感謝祭（窓が開く／扉を開く）

（U司祭夫妻、KN、ST、S'HM、TY、南）

――私たちは、今日、どこへ行こうというのでしょう？
何に向かって、何に対して、何をどう対処しようとしているのでしょう？

――神さま、あなたは、私たち一人ひとりのことを御存知でいらっしゃいます
私たちの愛と信頼とを、あなたに捧げます
どうか　私たちにふさわしいメディテーションをさせてください

☆

メディテーション1（窓が開く）

小さな、小さな窓が見えます

あなたは いま、その窓の前に立って、何かをじーっと考えています
その窓を、よ～く見てください
どのような形体か、どのように開くであろうか
よ～く観察してみてください

そう、それはいつか開く、必ず開く窓
しばらく　よく、よ～く見ていてください
その窓は開かれます
どのように開かれ、
どのようなものが見えてくるか？・・・

さあ、開かれます！
（三五秒）
……

そこには 何があったでしょう？
何が 聞こえてきましたか？
それ等を よく覚えておいてください　（五〇秒）
では、 その窓にお礼を言います
「見せてくださってありがとう
また来ます、 また 別の日に来ます
ありがとう」
そして、 後ろを向いて、 自分の肉体を確認してください
用意ができたら 目を開けます

☆

メディテーション2（扉《とびら》を開く）

姿勢を正し、
膝を少しリラックスさせます
深呼吸をして、
ゆっくりと吐いてゆきましょう
この日この時、あなたは何を知るでしょう？

いま、あなたの目の前に、大きな大きな扉《とびら》があります
その扉を開いて入ってください　（一〇秒）
その扉の向こうには、あなたが未だ見たこともない
綺麗な、綺麗な世界が広がっています
それはいったいどんなものでしょう？　（三〇秒）

天上から 聞こえる鐘の音——
遥か 昔から響いているような、どこかで知っているような
懐かしい その鐘の音
その鐘の音は、あなたをどこへ誘っているでしょう？
その鐘の音を聞くことによって、あなたの心はどんなでしょう？　（三〇秒）

さあ、上を向いてみてください
天上の世界が見えますか？　（六〇秒）
いま、あなたに向かって、大きな 大きな 光の玉が降りて来ます
どうか　それをしっかりと 抱えてください、受け取ってください
そう、そうして、その光の玉をよ〜く 見ていてください　（一〇秒）

どういう変化を起こすでしょう？

もしかしたら、あなたを全体、すっぽりと 包むかも知れません

もしかしたら　歌い出すかも知れません
もしかしたら・・・？　もしかしたら・・・？　（七秒）

光の玉、あなたは　いまそれを充分に味わっています

光と交流をしたあと、用意ができたら自分の肉体へと意識を移し
そして目を開けます

——神さま、今日のメディテーションを通して、あなたがたくさんのメッセージを送ってくださいましたことを知ります
このメッセージをもって、私たちはあなたのみ心に沿うべく、このことを解明してゆきたいと願います
ありがとうございました
——これで、今日のメディテーションの会を終ります

(二〇〇三年一一月二七日)

（追録）

たった一つの何気ない行為

たった一つの　なに気ない行為が
人の心を柔らかくする
たった一つの　なに気ない言葉が
人の心に灯となる

過ぎゆく時の流れの中で……

たった一つの　小さな願いが
人の心の幹を決める
たった一つの　小さな祈りが
この世を変える

相和して…

（二〇一五年九月一二日）

あとがき

天界からは随分前からメディテーション、メッセージ、ヒーリングのことをこの世に何らかの形で置いてゆくこととの命を受けていたが、たくさんの深いメディテーションの中から私ごときが選別も分類も出来ないと、永らくそのままにしていた。しかし、意を決して天界のご意思を遂行したいといざ始めると、不思議な助けが入ってきた。それはまさに聖霊の働きであり、（時に人間の形をしている天使のように）作業そのものや私の怠惰さを律し、推進力となっていった。

このあとがきを書き始めたのは二〇一六年一月で、私はリウマチの二回目の激痛期の最中であった。両膝の変形、両手首の腫れ、首周辺の炎症などがある。乳ガンはステージ三bといわれている。このような最中ではあるが、メディテーションをしたり、メッセージを受け取る時はシャン！　とさせられ、その役割を果たせることが不思議ではある。心穏やかで快活でいられるのは、普段からのヒーリングのおかげということは明らかである。

出来ればこの肉体を脱ぎ捨てたいと願う程のリウマチの激痛や乳ガンに対して、「あなたへの恵みは充分である」、又「あなたの痛みは、あなただけのものではない」という天からのメッセージがあり、こういう中で、「人は、イエスさまの十字架上の死を体現することもあるのではないか」と知るようになった。

イエスは十字架上で最後に「わが神、なんぞ我を見捨て給ひし」（マタイ伝二七章四六節）という叫びをあげられた。しかし神はその叫び（の内容）に応ずることなく沈黙されたままイエスの期待に応えられず、イエスはその中で死を迎えられる。何故ならば、イエスにはさらに大きな責務があった。

イエスさまはその死によって世界中の人間の罪を背負い、担い、救い上げてゆかれた。今日の人間社会においても、イエスさまは毎瞬時、これをしてくださっている。

世の中には時に天界からの選びを受け、心身に激痛を与えられる人間がいるのだろう。十字架を担い確実にゴルゴタの丘*に向かっているという実感である。それはあたかもイエスさまと同じ役割を少しだけ担わされることを許されているようだ。痛みをもつ者たちが訴える叫び、絞り出すような呻きの祈りは、世の苦しむ方々や、医療・看護に当たる方々、その関係者等の祈りと重なり、また代祷となる。やがてそれは世界中の人々の様々な痛み・悲しみを癒してゆくものとなる。祈りはそういう要素を含んでいる。

近頃思うことは、祈りと素粒子との関係である。私の仮説だが、祈ると、ある種のエネルギーがそこに生ずる。そのエネルギーは、周りに浮遊する素粒子から成り立つ。素粒子は、それ自体は内容を持たないけれども、人々の思いや祈りのエネルギーをその中に取り込む性質がある。「質量」があるというのはそういう時かもしれない。祈りのエネルギーは隣の素粒子に影響し、次々と波及して広範囲に及ぶ素粒子群を形成し、内容をもつ一つの大きなエネルギーとなって空中を伝播し動いてゆく。だから、大勢で一斉に祈るとき、その内容をもつエネルギーは増大し世界中の人々に降り注ぐ。人はその内容を受け取り、その内容に呼応しようとする人も出てくる。

『愛の鐘の音　響くとき』で伝えられている、「時間と日にちとを決め、地球のために皆で祈りなさい。世界的規模で、世界中の宗教を結んで。一般の人々も、自然にこれに和するであろう、」** このメッセージは、大きな意味をもつ。

本書編纂の作業は、何度か頓挫《とんざ》した。それでも、毎日祈ってくださる方々や、メディテーションを共に続けてくださる方があり、料理を作り、無農薬野菜やビワ種・葉、干し柿などを届け、訪問し、語り笑い合い、チェロの生演奏をする等々の友人たちとの交流を楽しみ、また在宅聖餐式に与《あず》り、ビワ葉温灸師や漢方医、オーリング・マイクロ波照射医師等のお世話になり、そして介護保険を支えてくださっている日本の国民のみなさんのサポートを得ながら何とかここまで生活してきた。神さまが生かしてくださっている今を喜び、あとはふさわしい日をゆだねていたい。

たくさんのメディテーションの中から、いくつかでもきちんとこの世に置いてゆく

---

* ゴルゴタの丘は、イエスが十字架につけられ息絶えた場所。
** 中山 南『愛の鐘の音　響くとき』（リトン、二〇一三年）、二〇〇―〇一頁参照。

ことが天界からのミッションと受け容れ、数年かけてその作業をしてきた過程に、具体的に快く協力してくださる存在が身近にあった。都丸（中山）美さんは、毎日ヒーリングの祈りをし、ほぼ毎回天界から私へ与えられるエネルギーの動きを透視（スキャンscan）し、そのレポートをファックスしてくださった。このことにより、激痛の中でも神・キリスト・聖霊への大きな信頼につながっていられた。また小林弘一氏のパソコン入力、木田新一氏の録音、ＣＤ作製、尾高煌之助氏の編集全般、イー・ピックス出版社の熊谷雅也氏など、多方面の方々からの支えによって本書を著わすミッションを、休み休みとはいえ続けることが出来た。改めて感謝している。

神さま、イエスさま、聖霊さま、ありがとうございます。

南♡

二〇一七年一一月

著者プロフィール

中山　南（なかやま　みなみ）

岐阜市に生まれる
立教女学院中・高校卒業
立教大学文学部英米文学科卒業（教員、学芸員資格取得）
結婚、一児の母

1972－1974年　ハーヴァード大学にて"English for foreign wives"受講
1980－1981年　フィリピンにて「フィリピンに学ぶ会」創設メンバー
1981－1991年　専門学校教員
1984年　受洗（日本基督教団）
1993－1994年　ロンドンのレドクリフ・カレッジ（神学校）聴講生
1995－2012年　旧約聖書学を木田献一氏に師事

ママの森幼稚園評議員、「憩いのみぎわ会」主宰、東京在住

著書『愛の鐘の音　響くとき』リトン
『宇宙の鼓動をあなたに　ーメディテーションー』総和社

メディテーション選集Ⅱ

メディテーション　光の世界へ

平成29年12月12日
初版第1刷発行

著　者　中山　南
発行者　熊谷雅也
発行所　イー・ピックス
〒022-0002　岩手県大船渡市大船渡町字山馬越44-1
TEL｜0192-26-3334　FAX｜0192-26-3344

印刷・製本　㈱平河工業社
カバー写真　小林弘一

ISBN978-490160264-8　C0076 ¥1500E